PRÓLOGO
LOU ENGLE

LA LLAVE A LO MILAGROSO

A TRAVÉS DE LA FE Y LA ORACIÓN

DANIEL KOLENDA

LA LLAVE A LO MILAGROSO a través de la fe y la oración

Publicado por CfaN Christ for all Nations (Cristo para todas las naciones)
Orlando, Florida.
Visite nuestra página en CfaN.org

Tradución y adaptación del diseño al español: Grupo Nivel Uno Inc.
Diseño de portada: Designstogo.net
Editor: Brad Braland
Diseño de portada: Designstogo.net
Diseño interior: Roland Senkel
Fotografias: Oleksandr Volyk y Rob Birkbeck
Gracias especiales: Dr. John Shiver

Título en inglés: UNLOCKING THE MIRACULOUS through faith and prayer

Primera edición y primera impresión

ISBN:
La llave de lo milagroso (Rústica, Español): 978-1-933446-37-0
La llave de lo milagroso (Español) EBOOK: 978-1-933446-39-4
Unlocking the Miraculous (Rústica, Inglés): 978-1-933446-36-3
Unlocking the Miraculous (Inglés) EBOOK: 978-1-933446-38-7

Publicado anteriormente como: Venga tu Reino, Your Kingdom Come en inglés.

Impreso en Colombia

Índice

Dedicatoria

Dedicado a todos los que pertenecen a Cristo para todas las naciones, *en el mundo entero, y que bombardean fielmente al cielo orando por nosotros.*

Prólogo

por *Lou Engle*

En 1946, hace setenta años, tuvo lugar en la ciudad de San Diego una gran prueba sobre la eficacia del ayuno y la oración. El libro de Franklin Hall, *Atomic Power Through Prayer and Fasting* [Poder Atómico mediante la Oración y el Ayuno], relata la notable historia de cómo miles de personas comenzaron a reunirse y experimentar sobre el efecto del ayuno y la oración extensos para la liberación de evangelismo explosivo con señales y maravillas. El mensaje se difundió por todo el planeta, junto con correspondientes testimonios dinámicos de miles de personas que fueron salvas y señales de milagros extraordinarios. Comenzaron reuniones de avivamiento y sanidad en 1947 y empezaron a producirse derramamientos del Espíritu por todo el planeta con grandes evangelistas como Bill Bright y Billy Graham elevándose al escenario histórico. Jesús era revelado en vivo tecnicolor a medida que Dios abría una ventana para darnos un destello de lo que tendría lugar en estos últimos tiempos cuando la oración, el ayuno, el evangelismo y las misiones se mueven juntos para la última gran cosecha de la historia.

Por eso me emociona este libro, LA LLAVE A LO MILAGROSO A TRAVÉS DE LA FE Y LA ORACIÓN, escrito por Daniel Kolenda, el hijo espiritual de Reinhard Bonnke. Uno pensaría que el joven escribiría un libro sobre evangelismo y sus asombrosas historias de ganar almas con señales y maravillas, pero en cambio escribe un libro sobre el poder de la oración y su capacidad para tener éxito a la hora de moldear la historia y desatar lo milagroso. ¡Esto es asombroso! El evangelista habla sobre la oración, ¡y el movimiento de oración ahora habla sobre evangelismo! Eso se debe a que el movimiento de oración y el movimiento de las misiones están avanzando y rugiendo juntos en la tierra.

El evangelista Daniel Kolenda es un señal y un símbolo de una nueva raza de evangelistas que están siendo levantados en la tierra, y ya estén predicando en las calles o proclamando el evangelio en los estadios, la oración es lo que alimenta todo. Winston Churchill advirtió al parlamento de Inglaterra cuando vio al movimiento nazi diciendo: "Todos esos grupos de tercos jóvenes teutones, marchando por las calles y carreteras de Alemania, con la luz del deseo de sufrir por su Patria en sus ojos, no están buscando estatus. Buscan armas, y cuando tengan las armas, créanme que entonces pedirán la devolución de territorios perdidos y colonias perdidas, y cuando se hace esa demanda sin duda sacudirá y posiblemente desmenuzará hasta los cimientos de cada uno de los países...". Bien, yo digo: "Cuando veo a esta nueva raza de evangelistas marchando por las calles de la tierra, ellos no buscan estatus, buscan armas, ¡y cuando obtengan sus armas no cesarán de demandar la devolución de mil millones de almas de las garras de la cárcel de Satanás!". Las antiguas armas de la oración y el ayuno, la predicación y señales y maravillas están siendo desplegadas una vez más por esta nueva raza que no busca un nombre. Solamente quiere la fama de Dios en la tierra.

En el momento de escribir estos párrafos, estamos avanzando hacia AzusaNow en el Memorial Coliseum el día 9 de abril de 2016, el 110 aniversario del Despertar de la Calle Azusa. Uno de nuestros jóvenes tuvo un sueño en el que Daniel Kolenda estaba predicando en el coliseo y había un estanque en el campo, y personas saltaban al estanque y eran sanadas. Debido a ese sueño, me puse en contacto con Daniel Kolenda y nuestros equipos se reunieron, y yo le conté el sueño. Lo que oí me da esperanza para un gran movimiento de puros evangelistas en la tierra. Él me dijo: "Voy a cancelar mis principales reuniones en Sudamérica y voy a ir al estadio. No necesito predicar y no necesito remuneración. Tan solo quiero estar allí". En ese momento supe quién tenía que predicar. Creemos que estadios van a ser llenos de señales y maravillas y la proclamación del evangelio, y creemos que el manto de Billy Graham va a caer sobre cientos, si no miles, de una nueva generación de evangelistas de la cual Daniel es un prototipo. Nuestros equipos de intercesión están clamando por una doble porción de ese movimiento de sanidad y evangelismo que tuvo lugar hace setenta años. Creemos que una doble porción llegará sobre esta generación, y que la oración y la pureza serán el combustible de su capacitación.

Hace varios años, el mensaje de Mateo 9:38 me tenía en sus manos. Jesús, después de la visión de almas desamparadas y dispersas como ovejas sin pastor, reunió a sus discípulos y dijo: "A la verdad la mies es mucha, mas los obreros pocos. Rogad, pues, al Señor de la mies, que envíe obreros a su mies". Las palabras que Jesús utilizó están llenas de compasión y pasión. La palabra que Él usa para rogad es *didomi* en griego *Didomi* está en tiempo aoristo, y no es la palabra común para orar o rogar. Está llena de intensidad, y debería entenderse más bien como "¡Les ruego que me supliquen!". La palabra que Él usa para "envíe" no es la palabra común para enviar, que por lo general es *apostello*; la palabra que usa aquí es *ekballo*. Es la misma palabra que Él, Jesús, usa cuando dice: "si expulso a los demonios por medio del Espíritu de

Dios, eso significa que el reino de Dios ha llegado a ustedes". Es la misma palabra utilizada cuando echó a los cambistas del templo. La palabra es enérgica. Es un lanzamiento, y por eso el pasaje debería leerse: "Los obreros son pocos; por lo tanto, les ordeno que me supliquen que lance obreros a la mies". Cuando Jesús expulsa demonios, los demonios tienen que irse. Cuando Jesús lanza obreros, ¡los obreros tienen que ir! Andrew Murray hizo la sorprendente afirmación de que, según Mateo 9:38, el número de misioneros en los campos depende por completo de que alguien envíe a esos obreros mediante la oración. Si eso es cierto y la mayor cosecha está a la mano, el cuerpo entero de Cristo debería estar unido en orar Mateo 9:38 día a día hasta que se cumpla la Gran Comisión. Mateo 9:38 es una revolución de oración en la que el movimiento de oración se mueve junto con el movimiento de evangelismo. Creemos que los Reinhard Bonnke y los Daniel Kolenda de esta tierra están naciendo del vientre de esta "Oración Ekballo". Ahora, esos mismos evangelistas están liberando oración en la tierra para la oleada final en la que Jesús el evangelista se manifestará a sí mismo una vez más en vivo tecnicolor.

Grandes evangelistas están siendo forjados desde el arco completamente doblegado de la oración. Y este libro podría ser un arco que lance la flecha de la victoria del Señor para salvación en los Estados Unidos y las naciones de la tierra. Léelo y permite que te doblegue hasta la posición de oración, y observa tu propia alma y las almas de miles como la diana, golpeadas y salvadas.

LOU ENGLE, evangelista, visionario y cofundador de las asambleas solemnes TheCall

Introducción

Sus años con el Maestro les enseñaron a los discípulos algo sobre Jesús… era un hombre de oración. Ya fuese a mitad del día o en medio de una conversación, era común que Jesús se apartara a un lugar tranquilo donde pudiera estar en comunión con su Padre sin interrupciones. Jesús amaba a sus discípulos y a las multitudes. Amaba al ministerio y a la comunidad, pero no había para Él nada más importante que su relación con su Padre.

Sabemos que la oración era una prioridad para Jesús ya que lo que practica el Maestro será lo que el alumno imite. Y cuando los discípulos se acercaron a Jesús con su pedido, no dijeron: "Señor, enséñanos a predicar". No dijeron: "Señor, enséñanos a echar fuera demonios". Dijeron: "Señor, enséñanos a **orar**". Otros tal vez le habrían preguntado: "Jesús, ¿cuál es el secreto de tu ministerio?". Pero los discípulos ya sabían eso y dentro de ellos aumentaba el ardiente deseo de conocer y entender más y más. Por eso dijeron: "Señor, enséñanos a orar".

Este secreto del ministerio de Jesús también fue característico en las vidas de los grandes hombres y mujeres de Dios a lo largo de la historia, de aquellos que descubrieron el increíble poder de la oración. John Wesley dijo: "Dios no hace nada que no sea en respuesta a la oración".[1] El gran pionero misionero Adoniram Judson se retiraba para estar a solas, apartado de sus amigos y su familia siete veces al día, para poder orar a solas.[2] David Brainerd escribió: "Me encanta estar a solas en mi cabaña, donde puedo dedicar mucho tiempo a la oración".[3] John Hyde fue misionero en India y se ganó el mote de John "el que ora" Hyde, por su notable vida consagrada. Cuando su salud empezó a debilitarse visitó a un médico de Calcuta que descubrió algo asombroso: El corazón de John Hyde "el que ora", se había desplazado de su posición dentro de su pecho, como resultado de años de angustiosa intercesión.[4] Podríamos seguir enumerando casos puesto que la lista sigue y son tantos.

Enterarse de que hay algo que aprender sobre la oración es impactante para muchos cristianos. Algunos piensan que la oración no es más que una charla con un hombre invisible. Creen saber todo lo que hace falta, ¡como lo pretende el hombre que piensa conocer bien el océano Atlántico solo porque se ha mojado los pies en la playa!

Los discípulos habían sido judíos fieles y observantes durante toda la vida y, como tales, practicaban la oración continuamente desde su más tierna infancia. Pero habiendo observado la vida devocional de Jesús reconocieron que había cierta profundidad en la oración que jamás se imaginaron y que les faltaba aprender mucho más. De allí que pidieran: "Señor, enséñanos a orar. Enséñanos, no a recitar palabras de memoria o a cumplir con una obligación religiosa. Enséñanos a tocar el cielo para que impacte la tierra. Enséñanos a orar con fervor, a orar con efecto. Enséñanos esa clase de oración que mueve montañas y rompe cadenas, que echa fuera a los demonios y sana a los enfermos; esa oración que resucita a los muertos e impacta las ciudades y las naciones, que cambia el curso de la historia y trae el cielo a la tierra. Enséñanos a **orar**, ¡a orar de verdad!".

Como evangelista que soy trabajo en el frente de batalla, mantengo una lucha constante por las almas en lugares muy difíciles, peligrosos y remotos en todo el planeta. Este libro no ha surgido de un escritorio de mármol sino de las trincheras polvorientas donde uno se juega la vida. Para nosotros la oración no es un lujo ni un accesorio sino cuestión de supervivencia. El profeta Jeremías habló de un día terrible que se aproxima, en el que multitudes de almas perdidas declararán, con lamento eterno: "Ha terminado la época de la cosecha y el verano, y no somos salvos" (Jeremías 8:20). A medida que avanzan las agujas del reloj hacia las últimas horas antes del fin de los tiempos, el corazón de Dios sigue buscando que nadie perezca, sino más bien que todos se arrepientan de modo que les motive a ir a todo el mundo y predicar el evangelio (ver 2 Pedro 3:9).

Aunque como ministro mi énfasis principal es la evangelización, escribí este libro porque en mi espíritu hay un sentimiento creciente de urgencia y una conciencia cada vez más grande de que Dios desea levantar un poderoso ejército de intercesores en la tierra en estos últimos tiempos, para encender la llama de una revolución de oración que llegue al corazón de cada persona, en todo el mundo.

También creo que el movimiento de evangelización masivo y el movimiento de oración, surgidos casi de manera independiente el uno del otro, tienen que unirse para poder cumplir el propósito que Dios tiene para nosotros.

Si no hay una intercesión que cubra el trabajo de los que evangelizan, no habrá combustible para que su maquinaria pueda levantar esta gigante cosecha que hoy está madura, lista. Sin la evangelización y sin impacto real en el mundo, la intercesión queda relegada a una acción sin propósito ni relevancia. Pero ambas, en conjunto, constituyen una combinación dinámica y revolucionaria ¡con el potencial de cambiar al mundo!

Este libro es para los que desean forjar una relación divina con Dios y sus propósitos, al unirse a la revolución de oración. Comienza con los discípulos —tú y yo— sentados a los pies de Jesús en la Escuela de Oración. Y empieza con un pedido muy sencillo: "Señor, ¡enséñanos a **orar**!".

I

¡MOLÉSTANOS, SEÑOR!

Sed sobrios, y velad; porque vuestro adversario
el diablo, como león rugiente, anda
alrededor buscando a quien devorar.
1 Pedro 5:8

Con cada golpe que recibía la puerta toda la casa parecía estremecerse justo antes de que el pie de un impaciente soldado romano la abriera de una patada, desencajándola. Pedro todavía estaba en la cama, medio dormido, cuando los soldados lo tomaron por la fuerza y lo arrastraron por las polvorientas calles de Jerusalén hasta meterlo en un carro de la prisión. Con rudeza lo empujaron para que entrara en el carro ya lleno de gente apretada contra los barrotes de hierro y allí, en la penumbra del amanecer, Pedro pudo reconocer los rostros cansados de sus compañeros de cautiverio. Eran sus amigos: Andrés, Santiago (también llamado Jacobo), Juan, Felipe, Tomás, Mateo, Santiago (hijo de Alfeo), Tadeo, Simón, Matías y Bartolomeo, también apóstoles del Cordero y fundadores originales de la Iglesia.

Haciendo uso de su poder político el sumo sacerdote había ordenado que arrestaran a esos discípulos de Jesús como si fueran criminales corrientes, delincuentes que debían encerrarse en una prisión común. Pero al caer la noche sucedería un milagro extraordinario. Nos cuenta Hechos 5:19: "*Mas un ángel del Señor, abriendo de noche las puertas de la cárcel y sacándolos*". ¡Qué gloriosa liberación! ¡Qué asombroso testimonio! Dios había demostrado su poder una vez más y esos primeros seguidores de Jesús tienen que haberse sentido invencibles.

Un enemigo letal

Creo que lo que sucedió entonces es típico de la naturaleza humana. Parecería que en medio de las grandes victorias una nube de complacencia y letargo hubiera adormecido los sentidos espirituales de algunos creyentes.

Leemos en Hechos 12 que la persecución contra la Iglesia continuaba. Pero ahora fue Herodes el que ordenó el arresto y, en lugar de detener a todos los apóstoles de una sola vez, comenzó con uno solo: Jacobo, hermano de Juan. Todos suponían que Jacobo estaría bien porque, después de todo, Dios había liberado a los apóstoles presos en una ocasión anterior, y seguramente volvería a hacerlo... ¿o no? No hay nada en el pasaje sobre reuniones de oración, vigilias o intercesión. Todo estaba bien y nadie se preocuparía hasta tanto hubiera algo que interrumpiera la calma. La Iglesia quedó devastada con una horrible noticia: Jacobo había muerto, ejecutado por orden del malvado gobernante.

La complacencia es uno de los enemigos más peligrosos del creyente, puesto que es muy fácil caer en ella. Y al igual que un sueño que se siente como realidad, nos resulta muy difícil detectarla en nuestras propias vidas antes de despertar de un sobresalto. Dios es bueno y fiel con nosotros en su misericordia. Pero es muy fácil dar por concedida su fidelidad cuando todo va bien y confundir la presunción con la fe.

Alguien dijo alguna vez: "La complacencia es un mal que gasta energía, que adormece la actitud y va vaciando el cerebro. El primer síntoma es sentir satisfacción ante las cosas tal y como son. El segundo es el rechazo a lo que podría llegar a ser. Lo 'bastante bien' se convierte entonces en la contraseña del día y en el parámetro del día de mañana. La complacencia hace que temamos a lo desconocido, que desconfiemos de lo que no se ha probado, que aborrezcamos lo nuevo. Como sucede con el agua, el complaciente sigue el trayecto más sencillo: cuesta abajo. Y supone que haya una falsa fuerza cuando mira hacia atrás".[5]

Ya se trate de una nación, una persona, una familia o un negocio, la complacencia tendrá siempre el mismo efecto: es enemiga de la victoria y aliada de la derrota. No hay área en la que sea más válida esta declaración que en la de la vida de oración, en especial cuando las cosas van bien.

La complacencia es enemiga de la victoria y aliada de la derrota

Dependencia total

Debo haber orado por semanas antes de predicar mi primer sermón cuando tenía 14 años. Rogaba a Dios pidiendo ayuda y bendición, porque sabía que sin ello fracasaría de manera estrepitosa. Hoy suelo predicar más de doce veces en una semana. Ya no me siento nervioso, ni siquiera cuando predico ante cientos de miles de personas. Y allí es donde está el peligro. Aunque me siento confiado y cómodo detrás del púlpito tengo que recordarme continuamente que mi sensación de seguridad no es más que una ilusión. Podría predicar el sermón más elocuente de manera extraordinaria, pero sin la bendición del Señor, igual mi fracaso sería estrepitoso.

Lo que veo es que tanto más seguros nos sintamos mayor es el peligro, porque es en la comodidad donde podemos olvidar fácilmente nuestra completa necesidad de Dios. Por eso antes de levantarme para orar, expreso lo que se oraba en las aulas de las escuelas de Estados Unidos antes de que la prosperidad hiciera que la nación se volviera apática hacia Aquel que la había bendecido: "Dios Todopoderoso, reconozco mi total dependencia de ti y te pido tu bendición". Es esta conciencia de que dependemos totalmente de Dios lo que nos hace ser diligentes en la oración. Si te falta esa conciencia lo más probable es que estés avanzando como sonámbulo hacia el peligroso desierto de la complacencia.

> *"Despiértate, tú que duermes, y levántate de los muertos, y te alumbrará Cristo".*
>
> Efesios 5:14

En Amós 6:1 el profeta declara: *"Ay de los reposados en Sion, y de los confiados en el monte de Samaria, los notables y principales entre las naciones"*. Los hijos de Israel se habían vuelto apáticos en medio de su prosperidad y su comodidad. Habían perdido esa sensación de la urgencia y ya no les interesaban las cosas de Dios. Sin embargo, esa seguridad que percibían era solo un mito. La misericordia de Dios que ponía freno al desastre había llegado al límite, por lo que en el versículo 7, Dios les dice que la fiesta se acabó. *"Ahora irán a la cabeza de los que van a cautividad, y se acercará el duelo de los que se entregan a los placeres"*. Fue recién después de que el desastre asolara a la nación y se encontraran encadenados y en cautiverio, que se volvieron de nuevo al Señor.

Que Dios no permita que haga falta la tragedia o el desastre para que despertemos de nuestra complacencia. Mucho mejor sería que permaneciéramos vigilantes en oración, reconociendo que incluso cuando todo está bien *"vuestro adversario el diablo, como león rugiente, anda alrededor buscando a quien devorar"* (1 Pedro 5:8).

En el año 1577 Sir Francis Drake escribió lo siguiente:

Moléstanos, Señor
Cuando estemos demasiado complacidos
con nosotros mismos,
cuando nuestros sueños se hayan cumplido
porque hemos soñado muy poco,
cuando hayamos llegado a salvo
porque navegamos muy cerca de la orilla.

Moléstanos, Señor
cuando con la abundancia de las cosas que poseemos
hayamos perdido nuestra sed por las aguas de vida;
por enamorarnos de la vida
dejamos de soñar con la eternidad,
y en nuestros esfuerzos por construir una nueva tierra
dejamos que se empañe
nuestra visión de un nuevo cielo.[6]

> Hay demasiadas iglesias que oran por el reavivamiento, pero en la puerta tienen colgado un cartel que dice: "No molestar".

Tal parece que todos queremos el "reavivamiento" pensando que se trata de una experiencia agradable, un tiempo para disfrutar. Pero el reavivamiento significa despertar de nuestro estado de somnolencia, salir de un sacudón de la apática complacencia, responder a la llamada de alarma, despertar sobresaltados. Hay demasiadas iglesias que oran por el reavivamiento, pero en la puerta tienen colgado un cartel que dice: "No molestar". El reavivamiento que cabe prolijamente en una cómoda camita no es tal cosa. En absoluto. En vez de orar pidiendo el reavivamiento quizá debiéramos orar con Sir Francis Drake: "¡Moléstanos, Señor!". La oración poderosa empieza allí donde termina la complacencia.

> *"Por tanto, no durmamos como los demás, sino velemos y seamos sobrios".*
>
> 1 Tesalonicenses 5:6

II

LA ORACIÓN QUE ABRE PUERTAS

La oración eficaz del justo puede mucho.
Santiago 5:16

Cuando asesinaron a Jacobo, el contingente religioso judío de Herodes se sintió exultante con su iniciativa, por lo que lo aplaudieron. De repente, Herodes vio que había una forma fácil de ganarse el favor de un grupo que siempre se le había opuesto. Hechos 12:3 dice: "Y viendo [Herodes] que esto había agradado a los judíos, procedió a prender también a Pedro".

Esta vez las cosas serían muy diferentes. La tragedia de la muerte de Jacobo había estremecido a los creyentes en lo más profundo, por lo que se cancelaron todas las cenas y reuniones sociales. Era hora de ponerse a orar. Las Escrituras dirigen nuestra atención a lo sucedido antes de la liberación de Pedro, diciendo: "*La iglesia hacía sin cesar oración a Dios por él*" (Hechos 12:5). Esta es una declaración con gran significado puesto que el autor de Hechos está tratando de mostrarnos que la milagrosa liberación que sucedería sería resultado directo de esas oraciones fervorosas y persistentes de los creyentes.

Era la última noche de la semana de la Pascua y Pedro estaba encadenado entre dos soldados de aspecto amenazante. Sería su última noche en la tierra ya que por la mañana lo ejecutarían como lo habían hecho con Jacobo unos días antes. Sin embargo, la Biblia nos dice que de repente una luz del cielo iluminó la oscura prisión, y un ángel del Señor se le apareció allí en su celda. El ángel tocó el costado de Pedro y le dijo: "¡Rápido, levántate!". En Hechos 12:7 se nos revela un dato interesante. ¡Dice que las cadenas de Pedro "se le cayeron de las manos"!

Notemos que no dice que el ángel rompió las cadenas, sino que simplemente se le cayeron de las manos a Pedro.

El ángel le dijo a Pedro: "Vístete y sígueme". Pasaron por delante de los primeros guardias, que no se dieron cuenta de nada. Y luego pasaron frente al segundo grupo de custodios, que tampoco notaron que el prisionero se escapaba. Al poco tiempo se toparon con el obstáculo más grande de todos: una enorme puerta de hierro que separaba a la cárcel de la calle. El portón de hierro se había puesto para proteger a los de afuera de los peligrosos criminales encerrados en la prisión. Era un obstáculo que parecía insalvable, pero Pedro no sintió preocupación alguna. Pensó en la corta distancia que había entre el sueño y la realidad.

Verás que en el versículo 10 la historia nos dice que al llegar a la puerta *"[esta] se les abrió por sí misma; y salidos, pasaron una calle"*. Fue entonces que el ángel se fue, y Pedro de repente supo que todo eso no había sido una visión, sino que ¡en verdad estaba libre!

La mano invisible

¿Alcanzas a ver el tema que surge aquí? En esta historia todos los obstáculos, barreras o impedimentos son completamente impotentes. A Pedro se le cayeron las cadenas de las manos, los guardias no lo vieron escapar y, por último, la puerta se abrió; pero lo más asombroso de todo es que lo que pasó parece haber ocurrido casi por sí mismo. A pesar de que hubo un ángel poderoso enviado para acompañar a Pedro y sacarlo de la cárcel, el ángel no tocó las cadenas, ni tocó a los guardias, ni abrió la puerta. Parece que todo fue obra de una mano invisible.

> La intercesión es un privilegio que pertenece exclusivamente al ser humano.

Vemos con toda claridad que lo que en el versículo 5 se destaca nos indica que todo eso sucedió debido a las oraciones de los santos. "*La iglesia hacía sin cesar oración a Dios por él*". Esa oración ferviente de los creyentes fue el poder que soltó las cadenas, que eliminó los obstáculos y que abrió las puertas que más parecían impenetrables.

> Dios le ha dado al ser humano no solo la autoridad sino también la responsabilidad de influir en los sucesos de la tierra para gloria de Él.

A Pedro fue que Jesús le dijo: "*Y a ti te daré las llaves del reino de los cielos; y todo lo que atares en la tierra será atado en los cielos; y todo lo que desatares en la tierra será desatado en los cielos*" (Mateo 16:19).

¡Oh, amigos míos! Si tan solo tuviéramos una mínima idea del increíble poder del que disponemos a través de la oración. Pienso que hallaríamos que resulta fácil hacer caso a la recomendación de Pablo que nos exhorta: "*Orad sin cesar*" (1 Tesalonicenses 5:17).

La intercesión es exclusiva del ser humano

Nuestras oraciones son un vehículo por medio del cual Dios ha decidido obrar su impacto en el mundo. John Wesley declaró: "*Dios no hace nada sino en respuesta a la oración*". La intercesión es un privilegio que le pertenece exclusivamente al ser humano. No hay ángel que pueda interceder por nosotros y tampoco pueden los ángeles intervenir en los asuntos de la tierra según sea su propia voluntad. Dios le ha dado al ser humano no solo la autoridad sino también la responsabilidad de influir en los sucesos de la tierra para gloria de Él.

La intercesión es una función tan importante que la Biblia nos dice que, en este preciso momento, es lo que Jesús mismo hace por nosotros: intercede continuamente. El oficio del intercesor solo puede ser desempeñado por el ser humano y Jesús no es la excepción a esta regla. Recordemos que hoy y eternamente Él es y será no solo plenamente Dios sino también plenamente humano. La idea de que a lo largo de los siglos y eras de la eternidad Jesús siempre fue un ser divino, no físico, parte del Dios eterno no creado inspira en nosotros un temor reverencial. También, que luego el Espíritu Santo se posó sobre María y puso en ella la simiente de Cristo. A partir de ese momento y por el resto de la eternidad Jesús se hizo Dios Hombre, y sigue siéndolo hoy, y lo será por siempre.

> La intercesión es no solo un privilegio humano sino también nuestro sagrado deber.

En Lucas 22:69 Jesús indicó: "*Pero desde ahora el Hijo del Hombre se sentará a la diestra del poder de Dios*". Jesús es glorificado. Está sentado a la diestra del Padre. Forma parte de Dios y, sin embargo, sigue siendo hombre. De hecho, sigue eligiendo identificarse explícitamente como "el Hijo del Hombre".

Las Escrituras son muy claras en cuando a que su cuerpo es un organismo **humano** glorificado, que sigue teniendo las cicatrices de su experiencia humana y que las llevará por siempre. Tiene cicatrices en sus manos, en sus pies y en su costado, como alianza matrimonial que nos recordará por siempre su eterno amor. Estoy seguro de que bien podría borrar las cicatrices para que su cuerpo fuese perfecto y sin marcas, pero para Él son las características más halagadoras, por eso las lleva con orgullo. Cuando Jesús bajó, lo que ocurrió fue una transición eterna. Jesús nunca volverá a ser igual a lo que era antes de que bajara a la tierra.

Cuando yo era adolescente había una canción de Joan Osborn cuyo estribillo decía: "¿Qué pasaría si Dios fuera uno de nosotros... un desconocido en un ómnibus, tratando de volver a su hogar?". Lo que Joan no entendía es que Dios sí era como uno de nosotros. Vivió las mismas dificultades, tentaciones e incomodidades que vivimos nosotros, y muchas cosas más que jamás llegaremos a entender. Era como nosotros. Y, lo que es más, sigue siendo como nosotros. Ha elegido relacionarse con nosotros, identificándose en los más íntimos niveles para toda la eternidad. Su condición de hombre es la credencial que le califica para ser un Sumo Sacerdote misericordioso y fiel en todas las cosas de Dios.

> Mientras el enemigo pueda lograr que el pueblo de Dios se convenza de que no puede hacer nada ante las circunstancias a las que se enfrenta, el impacto de ese pueblo en la tierra será anémico.

Si la intercesión es tan importante como para que Jesucristo mismo la haya convertido en su función principal, parece obvio entonces lo que significa e importa dicho llamamiento a interceder. La intercesión es no solo el privilegio de los seres humanos sino también nuestro deber sagrado y Jesús, como "primogénito de muchos hermanos", nos da el ejemplo.

La oración explosiva

Reinhard Bonnke afirmó: "*El hombre necesita a Dios, pero Dios necesita del hombre. Cuando los dos se unen para cumplir los propósitos divinos, ya no hay cosa que no sea posible*". El acuerdo sobrenatural por medio de la fe entre Dios Todopoderoso y un hombre o una mujer que saben orar, ¡es más potente que una bomba termonuclear! Es una sociedad entre el cielo y la tierra que se ejerce cuando el pueblo de Dios concuerda con los propósitos de este y ora por esos propósitos para que se concreten en el plano terrenal. Es una verdad poco reconocida de la Palabra de Dios a la que se refiere Santiago 5:16 cuando expresa: "*La oración eficaz del justo puede mucho*". Es decir, la oración eficaz del hombre justo o de la mujer justa, hombres y mujeres de Dios. Hay una traducción en la Biblia Ampliada que lo dice así: "*La oración sincera* [de corazón y continua] *del hombre justo pone a disposición un poder enorme* [la dinámica de la concreción]". La palabra "poder" que aparece en este pasaje proviene del término griego *dunamis*, que traducido significa potencia, capacidad inherente, capacidad para hacer lo que sea. El término *dunamis* proviene de la misma raíz de la que deriva "dinamita", ¡un potente explosivo![7] La Biblia nos enseña que cuando oramos tenemos el potencial de encender la dinamita explosiva del cielo en cuanto a nuestras circunstancias y a lo que sucede en la tierra.

La oración que se pronuncia con fe tiene poder para destruir los planes y las maquinaciones del diablo, a la vez que da lugar a la destrucción de toda barrera, a que se abran todas las puertas y a que las bendiciones de Dios fluyan sin interrupción. ¡Eso sí que es poder! Dondequiera que estén de acuerdo dos o más personas unidas en la fe y pidiendo al cielo por la misma cosa, el poder *dunamis* del cielo que se libera ¡se multiplica en progresión geométrica!

Mientras el enemigo pueda lograr que el pueblo de Dios se convenza de que no puede hacer nada ante las circunstancias a las que se enfrenta, el impacto de ese pueblo en la tierra será anémico, con poca influencia. Sin embargo, eso no es lo que tiene Dios para su pueblo. Él quiere mucho, mucho más.

III

CUESTIONES DE LA ORACIÓN

Así ha dicho Jehová: Maldito el varón que
confía en el hombre, y pone carne por su
brazo, y su corazón se aparta de Jehová.
Jeremías 17:5

Hechos 12 empieza con un detallado relato de Lucas sobre cómo fue liberado Pedro de la cárcel. Notemos que comienza mencionando el hecho de que Herodes había ejecutado a Jacobo hacía muy poco tiempo. Parece que Lucas pone esos dos sucesos en yuxtaposición y la única diferencia que hay entre ambos es la oración. ¿Qué habría pasado si la iglesia hubiese orado por Jacobo como lo hizo por Pedro? ¿Cabría allí la posibilidad de que la historia hubiera tenido un final distinto?

La oración, ¿en verdad marca la diferencia? ¿Podemos de veras alterar el resultado de las situaciones y circunstancias por medio de la oración? Alguien dijo una vez que la oración no cambia las cosas sino que solo cambia a la persona que ora. Pero eso es lo contrario a lo que dicen las Escrituras. La oración **sí cambia** las situaciones, puesto que Dios nos ha convertido en "socios" suyos para que se cumplan los propósitos de Él en la tierra, y la oración es una forma fundamental de ser esos "socios" de Dios.

Tenemos un gran ejemplo de este principio en el profeta Elías. La hambruna había asolado a Israel durante tres años y seis meses, hasta que Dios le prometió al profeta que enviaría la lluvia.

> *"Pasados muchos días, vino palabra de Jehová a Elías en el tercer año, diciendo: Ve, muéstrate a Acab, y yo haré llover sobre la faz de la tierra".*
>
> 1 Reyes 18:1

Al final del mismo capítulo en el que aparece la promesa de Dios, vemos a Elías orando para que se cumpla dicha promesa. El profeta se echó al suelo y puso la cabeza entre sus rodillas. Envió a su sirviente siete veces para que escrutara el cielo buscando señales de que llegaba la lluvia y Santiago nos dice en 5:17 que "oró fervientemente". Uno podría preguntarse por qué era necesario que Elías orara si Dios ya había prometido que iba a enviar la respuesta. Sin embargo, Elías entendía que la promesa requería de esa "sociedad" con Dios a través de la oración. ¡Oh, cuántas promesas hay para los hijos y las hijas de Dios, para los que tan solo estén dispuestos a aferrarse a ellas con fervor por medio de la fe y la oración! ¡Sí! La oración importa y mucho. Porque tiene poder para cambiar al mundo.

Parados en la brecha

Ezequiel 22:30-31 declara: "*Y busqué entre ellos hombre que hiciese vallado y que se pusiese en la brecha delante de mí, a favor de la tierra, para que yo no la destruyese; y no lo hallé. Por tanto, derramé sobre ellos mi ira; con el ardor de mi ira los consumí; hice volver el camino de ellos sobre su propia cabeza, dice Jehová el Señor*".

Este es un pasaje que se escribió en épocas en que las batallas se libraban cuerpo a cuerpo, cara a cara, espada contra espada. Hay muchas leyendas antiguas acerca de pequeños grupos de hombres —y en algunos casos de un solo hombre— en un angosto desfiladero enfrentando a todo un ejército. Como en la famosa historia del vikingo solitario que detuvo a todo un ejército sajón en el puente Stamford; o en la leyenda de Horacio, el héroe romano que se enfrentó al ejército etrusco y salvó a Roma. Si se conquistaban las murallas de una ciudad durante una batalla, el momento de

> La oración es fundamental para ser "socios" de Dios.

máxima gloria para el guerrero era cuando se paraba en esa brecha estrecha, enfrentando al enemigo y defendiendo a la ciudad que tenía a sus espaldas. Pero Dios dice en Ezequiel 22:30 que cuando buscó a un hombre que se pusiese en la brecha no halló a ninguno. ¿Dónde estaban los guerreros? ¿Dónde estaban los intercesores? Conquistada la muralla, ¿qué podría haber más importante que el estar allí, parado en la brecha?

El enemigo trabaja constantemente para penetrar las murallas de nuestras vidas e invadir la Iglesia de Jesucristo. Vemos los efectos de ese ataque día tras día: en un hombre de Dios que cae en el pecado, en una familia que se destruye, en una iglesia que se divide, en alguien que enferma, etc. Y, sin embargo, ¿no son muchas las veces en que el pueblo de Dios se para a un lado como espectadores de la catástrofe, aprovechando con entusiasmo el nuevo tema de conversación? Eso a Dios no le agrada. No estamos llamados a mirar y contar chismes. Estamos llamados a ponernos de pie en la brecha, a formar vallado, ¡a defender! Por no formar vallado y pararnos en la brecha las consecuencias pueden ser desastrosas. Por eso la oración es tan importante. Es cuestión de vida o muerte. Un hombre o una mujer posicionados estratégicamente en oración ¡pueden ser utilizados por Dios para producir potentes victorias para la gloria de Él!

A Dios gloria y alabanza

Vivimos en un mundo físico en el que muchas veces las necesidades materiales y temporales parecen abrumadoras, perpetuas, ante nuestra estrecha perspectiva de la realidad. Sin embargo, en el cuadro completo de la eternidad nuestros problemas son en verdad muy pequeños e insignificantes.

Piensa en esto: si miraras hacia fuera desde la ventana de un avión a diez mil metros de altura en un día despejado, verías que hasta las estructuras más grandes e imponentes construidas por el ser humano son apenas visibles desde esa perspectiva. Por supuesto que tampoco son imponentes. Pero en verdad, en términos del universo, seguirías estando a una distancia increíblemente pequeña (unos nueve kilómetros).

Al mirar las estrellas en una noche sin nubes, ¡quedamos impactados pensando que la más cercana (después del sol) está a 4,1 billones de kilómetros de la tierra!

Si bien suena como una distancia enorme que nuestras mentes finitas no llegan a comprender, en realidad está relativamente cerca, apenas a poco más de cuatro años luz.[8]

Compara eso con otras estrellas, que se sabe que están a más de 80.000 años luz de nosotros, sabiendo que podría haber unos 400.000 millones de estrellas, y eso ¡tan solo en nuestra galaxia!

Si piensas en nuestra pequeñez, todavía hay más. **Hay cientos de miles de millones de galaxias** en el universo observable, **¡a lo largo y a lo ancho de decenas de miles de millones de años luz!**

Solo por un momento intenta entender lo pequeños que somos. Cuando miras la tierra desde la altura, a 10.000 metros (ni siquiera es un nanosegundo comparado con los años luz que se usan para medir las distancias en el universo) los seres humanos ni siquiera se ven ¡y llegamos a hablar ahora de miles de millones de años luz!

En el contexto del universo, la tierra misma es menos que una mota de polvo, infinitesimalmente microscópica. Y nosotros somos los microbios de la tierra.[9]

Pero hay más, porque esa vastedad incomprensible que compone nuestro universo existe en un diminuto plano de tiempo y espacio que conocemos como mundo físico. Isaías 57:15 dice que Dios habita la eternidad... un plano de alcance infinito en el que todo nuestro cosmos no es más que una gota de agua en un océano interminable.

Amigo, amiga, no importa lo grande que pueda parecerte ahora tu problema o tu necesidad, debes saber que en realidad es una cuestión pequeña cuya verdadera importancia es diminuta. Entonces, ¿por qué intervendría el Dios omnipotente, omnipresente, omnisciente y eterno en nuestros asuntos tan completamente triviales? Porque Dios usa nuestras vidas como plataforma desde donde desea recibir alabanza y gloria. Desde el día en que nacemos hasta el día en que morimos nuestras vidas existen por una razón: la de dar gloria a Dios.

¿Por qué es que nuestros problemas tienen importancia? Porque a través de ellos Dios puede ser glorificado. Es fácil enfocarse en uno mismo en oración, centrándonos en nuestras propias necesidades y deseos pero, a fin de cuentas, incluso si nos beneficiamos con la respuesta a la oración ¡no se trata de nosotros, sino de Él! La filosofía que impera en esta época está constituida por el espíritu del humanismo que enseña que el fin principal de toda existencia es la felicidad del hombre. Se nos lleva a creer que eso se aplica también a nuestra relación con Dios, cuya principal meta y propósito es hacernos felices, sanos, ricos, cómodos. Pero las Escrituras enseñan lo opuesto. Apocalipsis 4:11 señala que fuimos creados ¡porque a Dios le plació; para agradarle!

La Primera Carta a los Corintios (6:20) dice: "*Porque habéis sido comprados por precio; glorificad, pues, a Dios en vuestro cuerpo y en vuestro espíritu, los cuales son de Dios*".

Piensa en la sanidad divina, por ejemplo: cada una de las personas que sana de manera sobrenatural, igual morirá algún día. Así que habrá quien pregunte: "¿De qué sirve?". El verdadero propósito es que como resultado de la sanidad se alabe a Dios. Es por esta razón que nuestros problemas **sí importan** y tienen un significado eterno, puesto que la gloria de Dios es una cuestión de relevancia eterna.

En Juan 9:2 los discípulos le preguntaron a Jesús sobre un hombre que había nacido ciego: "*diciendo: Rabí, ¿quién pecó, éste o sus padres, para que haya nacido ciego?*" y el versículo 3 afirma que: "*Respondió Jesús: No es que pecó éste, ni sus padres,* ***sino para que las obras de Dios se manifiesten en él***".

Los discípulos querían saber si la situación tenía que ver con el hombre ciego o tal vez con sus padres. Pero Jesús lo aclaró: no tenía que ver con ninguno de ellos. ¡Tenía que ver con la gloria de Dios!

Las Escrituras nos hablan de unos libros que hay en el cielo. Uno se llama "el libro de la vida". Y otro, "el libro de memoria". Hay otros más que se mencionan en Apocalipsis 20:12. Pienso que uno de los libros de Dios tal vez pueda ser un álbum de fotos, con miles de fotografías instantáneas de momentos de la historia humana. Pienso que habrá una foto de Noé construyendo el arca. Una de Dios haciendo su pacto con Abraham. Otra foto de Jacob luchando con el ángel del Señor. Y una de Moisés guiando a los hijos de Israel en su salida de Egipto. Una foto de Pedro caminando sobre el agua. Y quizá haya también una de algo que sucedió en tu vida. Todas esas fotografías son instantáneas de momentos en el tiempo en que un hombre o una mujer se atrevieron a confiar en Dios. Son momentos en que alguien obedeció incluso cuando no lograba entender. Instantáneas de momentos en que alguien fue fiel hasta la muerte. Instantáneas de momentos en que la fuerza de Dios se hizo perfecta a través de la debilidad humana.

> Por eso intercedemos. No para que se enriquezcan nuestras vidas temporales, sino para que avance el eterno reino de Dios.

Dentro de cien mil millones de años, después de que se haya derretido esta tierra y haya desaparecido para siempre todo lo que conocemos como "la realidad", tus mejores y tus peores momentos, tus luchas y tus victorias, tus dolores y tus placeres, parecerán nada más que un sueño que se esfumó. Ese día el único recordatorio de nuestro mundo serán las fotos en el álbum de Dios y cada una tendrá el mismo epígrafe: "Para gloria y alabanza de Dios". Estas son las cosas que importan de veras. Nuestros sentimientos, emociones, deseos, placeres, lo que queremos, todo eso en última instancia no tiene importancia ni sentido alguno en comparación con la eterna gloria de Dios. Es por eso que oramos. Es por eso que intercedemos. No para enriquecer nuestras vidas temporales, sino para que avance el eterno reino de Dios.

EL REY QUE CAVÓ SU PROPIA TUMBA

La letra de un antiguo himno dice:

Oh, qué paz dejamos de lado tantas veces
Oh, qué dolor innecesario soportamos
Y todo porque no llevamos
todo en oración a Dios

Es sorprendente que haya tantas personas que deciden darle tan poca participación a Dios en sus vidas. Cuando se trata de tomar decisiones de negocios, de familia, de su profesión o de asuntos relevantes en la vida suelen acudir a expertos en busca de consejo. Y jamás hincan la rodilla ante el Rey del universo que está allí, anhelando ayudarles. Él desea ser glorificado a través de nuestras vidas y, sin embargo, muchas veces lo privamos de ese derecho.

Resulta más que lamentable que no acudamos al Señor. Que le robemos a nuestro Creador, Sostenedor y Proveedor su lugar en nuestras vidas, ese lugar que es suyo por derecho propio. Literalmente es ofensivo. Ofendemos a Dios.

El libro de 2 Crónicas 16:9 dice: "*Porque los ojos de Jehová contemplan toda la tierra, para mostrar su poder a favor de los que tienen corazón perfecto para con él*". Este versículo suele citarse en muchas situaciones, pero tal vez te sorprenda enterarte de su contexto y de las fascinantes circunstancias que lo rodean. Sirve de iluminación y de amonestación para nuestras vidas.

Baasa, el rey de Israel, se enfrentaba en guerra contra Judá e intentaba matar de hambre al pueblo mediante el sitio a Ramá. Entonces Asa, el rey de la sitiada Judá: "*sacó ... la plata y el oro de los tesoros de la casa de Jehová y de la casa real, y envió a Ben-adad rey de Siria, que estaba en Damasco, diciendo: Haya alianza entre tú y yo, como la hubo entre tu padre y mi padre; he aquí yo te he enviado plata y oro, para que vengas y deshagas la alianza que tienes con Baasa rey de Israel, a fin de que se retire de mí*" (2 Crónicas 16:2-3).

Los sirios, cuya alianza había comprado Asa con el oro de la casa del Señor, vinieron y rescataron al reino del sur del ataque de Baasa. Todo parecía terminar con un final feliz, pero eso no había agradado al Señor. Dios quería ser el defensor y libertador de Judá, y sin embargo Asa le había dado esa oportunidad a los sirios. Del mismo modo en que Asa había tomado el oro de la casa del Señor para dárselo a otro, también le había quitado la gloria al Señor para darla a otro.

Por eso Dios le envió al rey Asa un profeta llamado Hanani, con este mensaje: "*En aquel tiempo vino el vidente Hanani a Asa rey de Judá, y le dijo: Por cuanto te has apoyado en el rey de Siria, y no te apoyaste en Jehová tu Dios, por eso el ejército del rey de Siria ha escapado de tus manos. Los etíopes y los libios, ¿no eran un ejército numerosísimo, con carros y mucha gente de a caballo? Con todo, porque te apoyaste en Jehová, él los entregó en tus manos.* ***Porque los ojos de Jehová contemplan toda la tierra, para mostrar su poder a favor de los que tienen corazón perfecto para con él.***

Locamente has hecho en esto; porque de aquí en adelante habrá más guerra contra ti" (2 Crónicas 16:7-9).

Por miedo Asa decidió poner su confianza en el rey de Siria y llamarlo a él en lugar de confiar en el Señor. Ofendió a Dios. Y, como resultado, el Señor entregó a Asa justamente a aquello que más temía: "*en adelante habrá más guerra contra ti*". Al no incluir al Señor, Asa en realidad trajo sobre sí lo que trataba de evitar: "*Mejor es confiar en Jehová que confiar en el hombre. Mejor es confiar en Jehová que confiar en príncipes"* (Salmos 118:8-9).

¡Cuántas veces ha estado Dios allí, dispuesto y queriendo ayudarnos! Y, sin embargo, jamás acudimos a Él ni le damos la oportunidad de intervenir y recibir gloria por medio de nuestra crisis. Como resultado, muchísimas veces renunciamos a la paz y seguimos luchando bajo el peso de cargas innecesarias. Y todo porque no le pedimos al Señor. Lo peor es que perdemos la oportunidad de darle la gloria a Dios.

Lo asombroso es que Asa cometió **el mismo error** una vez más, tan solo tres versículos más adelante: "*En el año treinta y nueve de su reinado, Asa enfermó gravemente de los pies, y en su enfermedad no buscó a Jehová, sino a los médicos. Y durmió Asa con sus padres, y murió en el año cuarenta y uno de su reinado"* (2 Crónicas 16:12-13).

¿Lo ves? Es un patrón que se repite. El autor está tratando de transmitir una moraleja de suprema importancia en esta historia. Asa pidió ayuda a los ejércitos extranjeros en vez de pedirla al Señor y como resultado heredó guerra perpetua. Llamó a los médicos para que lo ayudaran en vez de acudir al Señor cuando enfermó, y como resultado heredó la muerte. Dios quería ayudar a Asa. Dios quería librarlo de sus enemigos. Dios deseaba sanarlo de su enfermedad. Pero por alguna extraña razón, como lo hacemos muchos también, Asa ignoró a Dios en las cuestiones más importantes y como resultado selló su propio destino.

El último versículo del capítulo resume la vida de Asa, con una frase casi despectiva: *"Y lo sepultaron* ***en los sepulcros que él había hecho para sí****"*. En esencia, Asa cavó su propia fosa y puso el último clavo en su propio ataúd porque insistió en convocar al brazo de carne en lugar de acudir al Señor. La desconsideración de Asa ofendió a Dios y el Señor lo entregó a aquello que más temía. Jeremías 17:5 dice: *"Así ha dicho Jehová: Maldito el varón que confía en el hombre, y pone carne por su brazo, y su corazón se aparta de Jehová"*.

Encontramos una historia parecida en 2 Reyes 1 cuando el rey Ocozías cayó por una ventana de su habitación superior y quedó herido. Por tanto envió mensajeros a la ciudad filistea de Ecrón para que le preguntaran a su dios Baal-zebub si iba a recuperarse o no: "Entonces *el ángel de Jehová habló a Elías tisbita, diciendo: Levántate, y sube a encontrarte con los mensajeros del rey de Samaria, y diles: ¿****No hay Dios en Israel, que vais a consultar a Baal-zebub dios de Ecrón?*** *Por tanto, así ha dicho Jehová: Del lecho en que estás no te levantarás, sino que ciertamente morirás"* (2 Reyes 1:3-4).

Ocozías ofendió gravemente al Señor porque no acudió a Él. Y le costó caro.

Me pregunto cuántos cristianos están sufriendo el día de hoy porque no confiaron en el Señor, porque no le buscaron en medio de sus tribulaciones. La fe muchas veces parece ser la opción más difícil. Mucho más fácil es confiar en un abogado, un médico, un colega, un consejero o incluso en nosotros mismos. Pero después de confiar en todas esas otras fuentes hay muchos que se encuentran entregados y sufriendo justamente aquello que tanto temían, y en ese momento claman: "¿Por qué, Dios?". No esperes perder las ruedas del carro antes de clamar a Dios. Busca al Señor mientras está allí para que lo encontremos y acude a Él mientras está cerca (Isaías 55:6). Ve tu dificultad meramente como una oportunidad para que el Señor reciba la gloria.

La eterna gloria de Dios

El encarcelamiento de Pedro fue una crisis que podría haber terminado en catástrofe o en victoria. Para los creyentes reunidos en casa de María que oraban por su liberación, la mayor preocupación sin duda era lo inmediato. Tenían miedo de perder al gran apóstol, que también era su amigo y su líder. Probablemente se compadecían del sufrimiento de Pedro y de la brutal ejecución que le esperaba. Pero había algo más relevante en juego: la eterna gloria de Dios. Los intercesores tal vez no tuvieran idea de que por medio de sus oraciones Dios desataría su poder de manera extraordinaria, lo que serviría de testimonio a muchas generaciones, incluyendo la nuestra. ¿A cuántos miles de personas ha inspirado esta maravillosa historia? Y, sin embargo, podría haber

> Quizá la angustiosa circunstancia que hoy enfrentas no sea más que una plataforma desde la que Dios quiere mostrar un potente milagro ante un mundo incrédulo.

sido una tragedia, perdida en la historia, si no hubiera sido por las oraciones de esos fervientes guerreros de la oración que se pararon en la brecha.

A Dios le interesa que nuestras vidas le den gloria. Quizá la angustiosa circunstancia que hoy enfrentas no sea más que una plataforma desde la que Dios quiere mostrar un potente milagro ante un mundo incrédulo.

Los ojos de Dios pasean por la tierra buscando a alguien a través de quien pueda mostrar su poder. Quiere recibir gloria a través de tu enfermedad. Quiere recibir alabanza a través de tu emergencia económica. Quiere recibir honra a través de tu situación familiar. Clama al Señor. Pídele. Pídele lo que Él piensa y desea. No lo prives de la oportunidad de ser "tu muy presente ayuda en los problemas". No te apoyes en el brazo de carne… no caves tu propia tumba.

IV

LA ORACIÓN RESPONDIDA

He aquí que no se ha acortado la mano de Jehová
para salvar, ni se ha agravado su oído para oír.
Isaías 59:1

Dios quiere responder nuestras oraciones intercesoras más de lo que nosotros queremos que Él las responda. La intercesión no es un invento humano. ¡Es idea de Dios! Nos ha llamado a asociarnos con Él en la oración. Dios anhela revelar su gran poder en las ciudades, regiones y naciones para que puedan ser salvas las multitudes. Quiere revelarse a sí mismo a quienes andan en la oscuridad de modo que puedan ver la gloriosa luz del evangelio y acudan a Él. Anhela ver saqueado el infierno ¡y poblado el cielo!

Dios le ha dado a su pueblo (la Iglesia) todas las herramientas que necesitamos, por medio de la oración y la fe en el poderoso nombre de Jesús, de modo que las utilicemos de la forma en que Él quiere. Dios ha puesto en nuestras manos las llaves del reino, las que son capaces de abrir los tesoros del cielo, de quebrar las cadenas de las naciones, de destruir yugos y romper maldiciones.

Romper maldiciones

Hemos visto esto con gran frecuencia en nuestras campañas de evangelización masivas en todo el mundo. En muchas de las aldeas de África, donde ministramos, la gente ha vivido con miedo a determinadas maldiciones y principados demoníacos que durante generaciones les han mantenido esclavos, aterrorizados. Muchas veces esas fortalezas tienen nombres que todos los habitantes del lugar conocen bien, pero no se atreven a pronunciarlos en voz alta por miedo a los poderes demoníacos que hay tras cada nombre. Cuando llegamos para una de nuestras campañas de evangelización desafiamos a esas fuerzas con el poder de la cruz. Pedimos que nos brinden una lista de las maldiciones locales y luego empezamos a orar, usando nuestro potente sistema de audio, y vamos llamando a cada maldición para romperla por su nombre, una tras otra ¡en el nombre de Jesús! Después de romper cada una de las maldiciones se oye un fuerte "Amén" desde la multitud, y la palpable sensación de libertad y alegría hace que la gente baile y cante.

En una ciudad los brujos practicaban la adivinación parándose sobre unas piedras "sagradas", que según ellos les hablaban. Tras nuestra campaña los brujos empezaron a quejarse, diciendo: "Las piedras ya no hablan". Por medio de la oración tenemos el poder para vencer al enemigo y romper todas las cadenas.

Un horrible pozo

Corría el año 1919. Mi bisabuelo había llegado a Estados Unidos como inmigrante once años antes y se había establecido en la ciudad de Pigeon, en Michigan, donde fue pastor de una iglesia alemana que había surgido a partir de las reuniones hogareñas que se hacían en su casa de campo.[10] Durante mi infancia muchas veces oí la historia de Matis Nagi, cuyo testimonio había dejado una marca indeleble en la mente de todos los que le conocían. Su esposa era miembro fiel de la congregación de mi abuelo, pero en el corazón de Matis habitaba la oscuridad que le hacía contrariar a Dios y a la iglesia, los que él odiaba con todas sus fuerzas.

Cada tanto venía sobre él un poder extraño, que le impulsaba a hacer cosas de lo más bizarras. Una vez se lanzó de cabeza desde lo alto de su granero y no sufrió daño alguno. Todos podían ver que en su vida había actividad demoníaca y muchas veces los líderes de la iglesia le habían advertido al respecto, sin resultado. Mi tío John[11] contaba que le había dicho a Matis: "El camino que elegiste te llevará a la destrucción. Corres peligro de que el diablo te posea totalmente. Deja eso ya y humíllate ante Dios para que puedas recibir ayuda". Pero Matis no quería hacer caso.

Una noche, tras una discusión y en un arranque de ira, Matis se entregó al poder que había estado influyendo en él por tanto tiempo. Todo lo que sucedería entonces quedaría completamente borrado de su memoria a medida que el poder demoníaco ganaba más y más posesión de él hasta poseerlo por completo.

La señora Nagi había ido a la ciudad para hacer unas compras y cuando volvió en su carreta al anochecer pudo ver la silueta de su esposo, de pie en el porche envuelto en la oscuridad, con un hacha en las manos. A medida que se acercaba la mujer empezó a sentirse más y más incómoda y perturbada. Algo andaba mal. Su preocupación se convirtió en terror cuando vio que su esposo estaba bañado en sangre, con la mirada hueca y vacía. De inmediato la señora acudió a la casa de mi abuelo.

La intercesión no es un invento humano. Es idea de Dios. Él nos ha llamado a asociarnos con Él en oración.

"Venga, pronto", le rogó. Cuando Matis vio que mi abuelo y los ancianos de la iglesia se acercaban a la casa, empezó a gritar de miedo. Murmuraba frases casi en código, diciendo que los veía cubiertos de rojo y que no podía acercárseles. Entonces, en un momento, escapó, desapareciendo en la espesura del bosque. La señora Nagi y los ancianos entraron luego en la casa y lo que descubrieron les heló la sangre. Matis había asesinado brutalmente a su madre y a sus tres hijos, a sangre fría.

La noticia del horrible crimen se propagó por la pequeña comunidad rural como si fuera un incendio. Todos estaban aterrorizados. Los granjeros acompañaban a sus esposas al granero cuando iban a ordeñar las vacas y no querían ir a los campos a trabajar por temor al loco endemoniado que acechaba en los bosques.

Tiempo después la policía al fin arrestó a Matis y lo puso en la cárcel, pero era tan violento e incontrolable que tuvieron que aislarlo en una celda individual. Dentro de la prisión se arrancó toda la ropa y se quedó desnudo, sentado allí. Gritaba con terror mientras dormía y hubo que impedir que se suicidara.

El juez determinó que estaba tan irremediablemente loco que no podría pasar por un juicio, de modo que lo enviaron a un hospital psiquiátrico a unos 150 kilómetros, en Pontiac, Michigan.

El médico hizo que le avisaran a la señora Nagi que su esposo estaba incurablemente enfermo y que empeoraba día tras día. Temía que el hombre muriera pronto, por lo que le dijo que fuera de inmediato.

Fue una época difícil para los creyentes de la iglesia de mi abuelo. Cuando llegó mi tío John al funeral, la señora Nagi se le acercó y le dijo: "Es terriblemente triste que me hayan robado a mis amados hijos. Lo más triste de todo es que mi esposo se convirtió en presa de Satanás y Satanás salió victorioso".

"No, hermana Nagi", le dijo él. "¡Satanás no salió victorioso! Esta aparente victoria solo es temporal. No hay duda de que la abuela que amó al Salvador ahora está a salvo con Él y lo mismo vale para los pequeños. En cuanto a su esposo, hay esperanzas de que podamos arrancarlo de las garras de Satanás con oración y con fe. Lo haremos en el nombre de Jesús".

La congregación se levantó en oración, sacudiéndose la angustia de la desesperanza. Tiempo después mi tío John escribió: "Todos caímos de rodillas y oramos a Dios con fervor, pidiéndole que destruyera todos los intentos de Satanás y que incluso esa tragedia se convirtiera en triunfo. Le pedimos que también liberara al poseído del poder de Satanás. Parecía que el cielo se abría para nosotros. Estábamos llenos de un gozo sacro, de la osadía de la fe, por lo que les ordenamos a los espíritus demoníacos que desaparecieran y dejaran al poseído en el nombre de Jesús. Recuerdo muy bien cómo me llenó el Espíritu Santo con la certeza de la fe y les grité a los creyentes que oraban: "Hermanos y hermanas, ¡ha terminado! Dios ha escuchado nuestra oración. Podemos proclamar por fe que el poseído ha sido liberado".

El tío John fue a visitar a Matis en el hospital psiquiátrico. Al llegar lo acompañaron a la oficina del médico en jefe, el Dr. Christian. El galeno guardó silencio por un rato y luego dijo: "No entiendo este caso. Hace tres días le escribí una carta a la esposa de este hombre y le expliqué que, según nuestros estudios, su esposo estaba incurablemente enfermo y que lo más probable fuera que no viviese mucho más. Sin embargo, ayer en la mañana hubo un cambio tan drástico que ahora el hombre parece estar completamente normal. Bueno… sea lo que sea, parece que ha ocurrido un milagro".

El doctor Christian hizo sonar un timbre para llamar a un guardia, el que acompañó al tío John hasta la sala de visitas. Tras unos minutos trajeron a Matis, que al ver al tío John se acercó a él casi corriendo: "¡Por favor, dígame qué sucedió!", le imploraba. "No puedo creer lo que me dice esta gente". El día anterior, cuando Matis recobró repentinamente la cordura, no recordaba nada de lo que había pasado. Mientras el tío John le contaba toda la historia, Matis se compungió y lloró, sobrecogido de pena y dolor. Había amado muchísimo a sus hijos y tenía un vínculo muy fuerte con su querida y anciana madre. "¡Oh, Señor, ten misericordia de mí... pecador!", gritó. "¡Soy el peor hombre que existe!".

Es difícil pensar en que una historia como esta pudiera tener un final feliz pero Dios, en su asombrosa misericordia, tiene cómo tornar en triunfo hasta la peor tragedia. Satanás había usado a Matis como herramienta de destrucción y ahora él viviría su vida con el inimaginable dolor que producía el saber eso, hasta el fin de sus días. Pero, por medio del poder de la oración, Jesús rompió las cadenas de su mente, como lo hizo con el endemoniado de la región de los gadarenos, y liberó al cautivo. A través de la milagrosa liberación algo había cambiado en el espíritu de Matis. Se arrepintió de su rebeldía, se entregó a Jesucristo y se convirtió en un verdadero hijo de Dios. No solo estaba libre de la posesión demoníaca, sino que era salvo, lleno del Espíritu Santo.

Para los médicos esa recuperación tan drástica resultaba tan increíble que decidieron mantenerlo internado durante más de un año, bajo atenta observación, antes de darle el alta. Matis fue liberado de sus cadenas y vivió el resto de sus días con su familia, como fiel seguidor de Jesús. Era un hombre transformado.

El tío John recordaba que más de veinte años después, al pasar por Detroit y mientras predicaba en una iglesia en particular, se les pidió a los creyentes que dieran testimonio de lo que el Señor había hecho en sus vidas. Un anciano se puso de pie y dijo: "Si hay alguien con razón para alabar al Señor, ese soy yo". Era Matis, ya anciano y canoso. Había vivido durante muchos años lamentando su pasado pero desbordaba de gratitud a ese Dios que le había mostrado tan asombrosa misericordia.[12]

Con las lágrimas rodándole por sus mejillas empezó a citar el Salmo 40:2-3: "*Y me hizo sacar del pozo de la desesperación, del lodo cenagoso; puso mis pies sobre peña, y enderezó mis pasos. Puso luego en mi boca cántico nuevo, alabanza a nuestro Dios. Verán esto muchos, y temerán, y confiarán en Jehová*".

El largo brazo del Señor

En nuestras campañas de evangelización masiva, a las que asisten cientos de miles de personas, se reúnen multitudes de individuos enfermos y necesitados para orar. Nos es físicamente imposible imponer las manos sobre cada persona, pero hemos descubierto algo que resulta casi imposible de creer. Con Dios no existen las limitaciones. Cuando oramos por esas enormes multitudes empiezan a suceder sanidades y milagros aquí y allá, casi como las palomitas de maíz que saltan una tras otra. Desde la primera fila hasta el último rincón del escenario, el poder de Dios fluye por igual, llegando a todos. Muchas veces hemos cortado cadenas (¡literalmente!) que mantenían atadas de pies y manos a personas mentalmente enfermas, las que milagrosamente fueron liberadas a través del poder de la fe y la oración, y nada más.

¿Es alguno de tus seres queridos esclavo del poder de Satanás? ¿Quieres la salvación para tus hijos, nietos, padres, hermanos y hermanas? ¿Tienes algún amigo o alguna amiga adictos a las drogas, al alcohol o a un estilo de vida perverso? ¿Has intentado llegar a ellos, sin resultado? Debes saber que tienes un arma poderosa.

> Jesús rompió las cadenas de su mente, como lo hizo con el endemoniado de la región de los gadarenos, y liberó al cautivo.

Amigos, es hora de orar. El poder *dunamis* de la oración a Dios ha de llegar a la persona esté donde esté, rompiendo las cadenas que le mantienen en cautiverio y abriendo las puertas de su cárcel para darle libertad, liberación y sanidad. Tal vez esa persona esté a miles de kilómetros pero, para el omnipresente Espíritu Santo, la distancia no representa una dificultad.

Isaías 59:1 afirma: "*He aquí que no se ha acortado la mano de Jehová para salvar*". Aunque Pedro estaba preso al otro lado de la ciudad, por medio de la oración en el nombre de Jesús, las cadenas de las manos se le cayeron y ya no hubo barreras.

Matis Nagi estaba en un hospital psiquiátrico a cientos de kilómetros, sin embargo —con la oración— las cadenas que aprisionaban su mente fueron rotas, la liberación llegó a su alma y eso transformó su vida.

Cuando oramos tenemos poder para llevar liberación a los oprimidos, con un impacto real que llega a los confines de la tierra, aunque permanezcamos en el mismo lugar. Lo que atamos en la tierra será atado en los cielos y lo que soltemos en la tierra también será soltado en el cielo. ¡No hay puertas, barreras ni distancia que resulten demasiado grandes para el largo brazo del Señor!

V

ORAR BAJO EL CIELO ABIERTO

¡Oh, si rompieses los cielos, y descendieras, y a tu presencia se escurriesen los montes, como fuego abrasador de fundiciones, fuego que hace hervir las aguas, para que hicieras notorio tu nombre a tus enemigos, y las naciones temblasen a tu presencia!

Isaías 64:1-2

En Isaías 64 hallamos una de las más notables oraciones intercesoras que contenga la Biblia. Allí el profeta clama al Señor diciendo: "¡Oh, si rompieses los cielos, y descendieras, y a tu presencia se escurriesen los montes, como fuego abrasador de fundiciones, fuego que hace hervir las aguas, para que hicieras notorio tu nombre a tus enemigos, y las naciones temblasen a tu presencia!" (vv. 1-2).

El término "rompieses" se refiere a la acción de rasgar.[13] Isaías clamaba a Dios pidiendo que "rasgara" los cielos y que Él se mostrara al mundo para que este pudiera ver a Dios como le había visto Isaías. La pasión de Isaías se refleja cuando expresa con admiración la palabra "¡Oh!".

Hay algo profundamente arraigado en el corazón de cada ser humano que anhela conocer y experimentar a Dios personalmente. Dentro de cada uno de estos individuos hay un "¡Oh!". Es ese deseo que nace desde dentro pero que refleja el hecho de que originalmente Dios creó al hombre a su imagen y lo diseñó con la capacidad de conocerlo y sentirlo a Él en persona, directamente.

San Agustín declaró: "Porque nos has creado para ti y nuestros corazones no descansan hasta hallar reposo en ti". Ese anhelo del corazón es parte integral del tejido básico de la personalidad humana. Se expresa en el arte, la música, las costumbres y creencias de cada una de las culturas del mundo, tan antiguas como las primeras evidencias y registros de la historia.

Cuando el pecado entró en el mundo, el hombre —que había sido diseñado para vivir en comunión ininterrumpida con

Dios— quedó repentinamente separado de Aquel con quien había de caminar en perfecta armonía por toda la eternidad. Apareció una barrera que divide a dos mundos, el natural y el sobrenatural, porque el pecado de Adán separó el plano físico de la humanidad caída de los planos espirituales llenos de la más rica presencia de Dios, de su poder y su bendición.

En esta oración, en la que clama a Dios pidiéndole que rompiese los cielos y que descendiera, creo que Isaías estaba reflexionando en una experiencia de su vida que encontramos registrada en su libro en el capítulo 6, versículos 1 a 8, donde narra que había sido levantado al cielo para recibir la comisión y la unción para su vida y su ministerio como profeta. Lo recuerda diciendo: *"En el año que murió el rey Uzías vi yo al Señor sentado sobre un trono alto y sublime, y sus faldas llenaban el templo"* (Isaías 6:1).

Isaías, en los versículos que siguen, describe su experiencia en la presencia de Dios. Habla de seres angelicales que rodean el trono y claman: "*Santo, santo, santo, Jehová de los ejércitos; toda la tierra está llena de su gloria"* (v. 3). Habla de la manifestación visible de la gloria de Dios describiendo su repentina y sobrecogedora conciencia del pecado al estar en la magnificente presencia de la santidad de Dios. ¡Pensó que sin duda moriría en ese lugar santo en el que se hallaba! Pero también halló allí la gracia y el fuego santo purgó su pecado. Fue en ese lugar que su vida y su destino cambiaron para siempre. ¡Jamás volvería a ser el mismo!

Presta atención a lo que clamaban los ángeles. Fíjate que no decían "el cielo está lleno de su gloria" sino "**la tierra** está llena de su gloria". Era una visión profética de los tiempos por venir, de los que dicen las Escrituras: "*Porque la tierra será llena del conocimiento de la gloria de Jehová, como las aguas cubren el mar*" (Habacuc 2:14).

Cuando Isaías oraba pidiendo que Dios rompiese los cielos y descendiera, estaba rogando que se cumpliera la promesa profética que había recibido muchos años antes en su visión. Estaba diciendo, en esencia: "Señor, si la tierra va a llenarse de tu gloria ¡tienes que romper los cielos y descender!". Isaías sabía que sería necesario que se rompieran los cielos para que Dios cumpliera su plan para este mundo.

Escalera al cielo

El Evangelio de Juan es maravillosamente diferente de sus tres contrapartes, los evangelios sinópticos. Hay quienes especulan que Juan escribió su evangelio mucho después de que lo hicieran Mateo, Marcos y Lucas y que Juan tuvo no solo la oportunidad de leer lo que habían escrito los otros sino que contó con muchos años para reflexionar en sus propias experiencias a la luz de lo que habían registrado ya. Siendo anciano y bajo la divina unción del Espíritu Santo, Juan se convenció de que todavía había cosas esenciales por decir, por lo cual se dispuso a contar el resto de la historia con sus propias palabras.

Juan es un reportero que no se avergüenza de ser parcial y que escribe con irresistible persuasión. Declara su objetivo con franqueza en el capítulo 20, versículo 31, diciendo: "*Pero éstas se han escrito para que creáis que Jesús es el Cristo, el Hijo de Dios, y para que creyendo, tengáis vida en su nombre*". En el Evangelio de Juan todo se ha incorporado de manera estratégica para convencer al lector de que

Jesucristo es el Hijo de Dios, puesto que Juan sabía que por medio de ese conocimiento podíamos recibir la vida eterna.

Resulta increíble que aun cuando Juan omite el relato del nacimiento, el bautismo, la tentación y la transfiguración de Jesús, utilice nueve versículos en el capítulo inicial para contarnos una historia que parece no tener importancia, sobre un joven llamado Natanael. Pero si observamos más de cerca, veremos que esta historia —que no aparece en ningún otro libro— es una tesis profunda y luminosa de la que surgirá el excepcional y convincente argumento de Juan en los siguientes capítulos de su evangelio.

> *El siguiente día quiso Jesús ir a Galilea, y halló a Felipe, y le dijo: Sígueme. Y Felipe era de Betsaida, la ciudad de Andrés y Pedro. Felipe halló a Natanael, y le dijo: Hemos hallado a aquél de quien escribió Moisés en la ley, así como los profetas: a Jesús, el hijo de José, de Nazaret. Natanael le dijo: ¿De Nazaret puede salir algo de bueno? Le dijo Felipe: Ven y ve. Cuando Jesús vio a Natanael que se le acercaba, dijo de él: He aquí un verdadero israelita, en quien no hay engaño. Le dijo Natanael: ¿De dónde me conoces? Respondió Jesús y le dijo: Antes que Felipe te llamara, cuando estabas debajo de la higuera, te vi. Respondió Natanael y le dijo: Rabí, tú eres el Hijo de Dios; tú eres el Rey de Israel. Respondió Jesús y le dijo: ¿Porque te dije: Te vi debajo de la higuera, crees? Cosas mayores que éstas verás. Y le dijo: De cierto, de cierto os digo: De aquí adelante veréis el cielo abierto, y a los ángeles de Dios que suben y descienden sobre el Hijo del Hombre.*
>
> Juan 1:43-51

Para entender lo que está sucediendo aquí voy a formular una serie de preguntas sobre el texto. De allí surgirá una revelación maravillosa.

¿Qué pasa con la higuera?

Es probable que el tema de la higuera parezca extrañamente repetido, pero el contexto cultural revela que hay más de lo que vemos a primera vista. En la tradición rabínica se usa con frecuencia la higuera como metáfora de la Torá (constituida por los primeros cinco libros del Antiguo Testamento). Natanael tal vez estuviera sentado bajo la higuera, ya fuese en sentido literal o figurado, pero cualquiera fuera el caso lo que sí parece claro es que estudiaba las Escrituras. Cuando Jesús dijo que había visto a Natanael "debajo de la higuera", estaba indicando que había visto a Natanael leyendo la Torá. Y eso nos lleva a la siguiente pregunta.[14]

¿Qué estudiaba Natanael en la Torá?

Por supuesto que en la época de Natanael no existía la división en capítulos y versículos de las Escrituras, como sí la hay hoy en las Biblias modernas. Pero creo que bien podría haber estado estudiando lo que conocemos como el capítulo 28 de Génesis. Pienso que habrá leído acerca de su ancestro Jacob (cuyo nombre significa impostor),[15] que le robó la primogenitura a su hermano, engañó a su padre anciano y escapó para salvar su vida. Es probable que leyera sobre cómo llegó Jacob a Betel para pasar la noche. Allí, donde Jacob apoyó la cabeza sobre una almohada de piedra y tuvo un sueño: *"Y he aquí una escalera que estaba apoyada en tierra, y su extremo tocaba en el cielo; y he aquí ángeles de Dios que subían y descendían por ella"* (Génesis 28:12).

Notamos que antes de que Natanael conociera a Jesús era un tipo escéptico, por eso fue que preguntó con crudeza: "*¿De Nazaret puede salir algo bueno?*". Pero en algún momento entre los versículos 46 y 49 se convirtió en un creyente convencido, ya que le dijo a Jesús: "*Rabí, tú eres el Hijo de Dios; tú eres el Rey de Israel*" (Juan 1:49). Esta asombrosa transformación parece haber ocurrido casi al instante. Y eso nos lleva a la tercera pregunta.

¿Qué razón hubo para que cambiara de parecer?

A Natanael es evidente que le confundió la asombrosa profundidad del entendimiento profético de Jesús.

Ante todo, Jesús había demostrado que sabía que Natanael había estado estudiando las Escrituras antes de que Felipe lo llamara, algo que parece no haber sabido nadie más.

En segundo lugar, Jesús sabía exactamente lo que Natanael había estado estudiando y aludió a ello cuando dijo que Natanael era "un *verdadero israelita* (descendiente de Jacob, el impostor sobre quien había estado leyendo Natanael) *en quien no hay engaño*."

Y, en tercer lugar, con esa misma declaración Jesús demostró saber no solo que Natanael había estado estudiando la Torá, y precisamente **qué** había estado estudiando, sino que lo que constituyó el momento de mayor impacto fue cuando Natanael se dio cuenta de que Jesús veía algo que para los demás era imposible ver: el corazón.

Esa demostración conmovió a Natanael al punto de hacer que diera a conocer su fe en Jesús al expresar: "*Rabí, tú eres el Hijo de*

Dios; tú eres el Rey de Israel". Y fue entonces que Jesús pronunció **la declaración más inesperada de todas**, las palabras con las que la historia de Juan llega a lo más profundo: "*¿Porque te dije: Te vi debajo de la higuera, crees? Cosas mayores que éstas verás"* (v. 50).

Jesús luego hizo alusión a las Escrituras que Natanael había estado leyendo sobre Jacob, con una clara referencia a la escalera que este había visto: *"De cierto, de cierto os digo: De aquí adelante* ***veréis el cielo abierto, y a los ángeles de Dios que suben y descienden sobre el Hijo del Hombre"*** (Juan 1:51).

En esencia, lo que Jesús afirmó fue como sigue: "Natanael, ¿te impresiona tanto que yo lea tu correo? ¿Te impacta que yo supiera que estabas leyendo sobre la escalera de Jacob? Oh, Natanael, tengo algo mejor todavía para ti. ¡Espera a que veas que **YO SOY la escalera de Jacob!**".

Jesús declaró de sí mismo que era más que un profeta, más que un rabí, más que un libertador político y más que un rey. Declaró de sí mismo que era el puente entre el cielo y la tierra, el vínculo entre Dios y el hombre, el portal que Dios ha abierto en la tierra para darnos acceso directo a los planos celestiales.

Esta es tan solo la primera de muchas revelaciones sobre la identidad de Jesús que Juan incluye en este libro. Por ejemplo, Jesús dice:

Yo soy el pan vivo que descendió del cielo (Juan 6:51).
Yo soy la luz del mundo (Juan 8:12).
Yo soy la puerta (Juan 10:7).

Yo soy el buen pastor (Juan 10:11).
Yo soy la resurrección y la vida (Juan 11:25).
Yo soy el camino, y la verdad, y la vida (Juan 14:6).
Yo soy la vid verdadera (Juan 15:1).
De cierto, de cierto os digo: Antes que Abraham fuese,
yo soy (Juan 8:58).

Juan parece estar gritándonos lo mismo que Felipe le gritó a Natanael:

"Lo encontramos... a Aquel de quien escribieron Moisés y los profetas... a Aquel que resuelve todos los acertijos... ¡a Aquel que responde todas las preguntas!".

Lo encontramos y Él es:

el camino, la verdad, la vida
el pan de vida
la luz del mundo
la puerta
el buen pastor
la resurrección
la vid
el gran YO SOY.
Él es el Cordero pascual.
Él es la salvación del arca de Noé.
Él es la serpiente de bronce alzada en el desierto.
Él es la roca de Horeb.
Él es la ciudad de refugio.
Él es el velo del tabernáculo y el tabernáculo mismo.

Él es el pan sin levadura y el maná del cielo.
Él es nuestro Melquisedec.
Él es nuestro pariente redentor.
Él es nuestro sumo Sacerdote.
Él es el árbol de la vida.
Él es la escalera al cielo.
Él es el segundo Adán.
Él es Isaac yendo a buscar esposa.
Él es el guerrero que va delante de Josué con espada desenfundada.
Él es Jonás, que pasó tres días y tres noches en el corazón de la tierra.
Él es en todos los aspectos el cumplimiento más pleno y completo
y el origen de toda promesa,
de todo tipo,
de toda sombra,
de toda epifanía,
y de toda teofanía.
Él es el fin de toda teología.
Él es la razón de toda genealogía.
Él está en el corazón de toda profecía.
Su venida ha dividido la historia en dos ¡y lo ha cambiado todo, absolutamente!

Respuesta a la oración de Isaías

Hoy muchos siguen orando lo mismo que imploró Isaías, pidiendo que Dios rompa los cielos y descienda, rogando como mendigos que lloran desesperadamente por un mendrugo de pan. Y, sin embargo, la buena noticia es que la oración de Isaías tuvo su respuesta ¡hace 2000 años! Dios sí rompió los cielos y descendió, por medio de Jesucristo. ¿Podrían haberse abierto los cielos de manera más dramática que lo que sucedió en el Calvario? Se abrió la tierra, el velo del templo se rasgó desde arriba hasta abajo, y el precioso cuerpo de Jesucristo se quebrantó para que el cielo pudiera invadir la tierra.

> Declaró de sí mismo ser el puente entre el cielo y la tierra, el vínculo entre Dios y el hombre, el portal que Dios ha abierto en la tierra, para darnos acceso directo a los planos celestiales.

Sobre Él ascienden y descienden por nosotros los ángeles de Dios. A través de Él se derraman todos los recursos de Dios y se pueden satisfacer las necesidades de la humanidad. Debido a Él es que el hombre puede reconciliarse con Dios y por Él se ha aplacado la ira de Dios.

Dios ha roto los cielos y ha descendido. Él ha destruido esa antigua barrera que separaba al cielo de la tierra, de modo que hoy todas las riquezas y los recursos de Dios están disponibles para todo aquel que quiera recibirlas por la fe, a través de la oración.

Hebreos 10:19-22 dice:

> *Así que, hermanos, teniendo libertad para entrar en el Lugar Santísimo por la sangre de Jesucristo, por el camino nuevo y vivo que él nos abrió a través del velo, esto es, de su carne, y teniendo un gran sacerdote sobre la casa de Dios,*

acerquémonos con corazón sincero, en plena certidumbre de fe, purificados los corazones de mala conciencia, y lavados los cuerpos con agua pura.

Dios quiere que acudamos ante Él en oración, con confianza en que su provisión nos basta. Hoy podemos presentarnos confiados ante Dios con una conciencia pura y un corazón lleno de fe, sabiendo que Dios ya ha destruido todo lo que había entre Él y nosotros, mediante la sangre de Jesucristo. De hecho, nos ha dado las llaves del reino de los cielos.

Hoy todas las riquezas y los recursos de Dios están disponibles para todo aquel que quiera recibirlas por la fe, a través de la oración.

Es por medio de la oración que entra en acción ese poder asombroso. Oí decir por allí que "la oración es la oportunidad de la vida, que dura toda la vida". La oración de Isaías ya tiene respuesta. Dios ha rasgado los cielos. Ahora, ¡hagamos que baje el cielo a la tierra!

VI

LA ORACIÓN QUE HACE BAJAR EL CIELO A LA TIERRA

Venga tu reino. Hágase tu voluntad, como en el cielo, así también en la tierra.

Mateo 6:10

En Mateo 6:9-10 Jesús oró así: "*Padre nuestro que estás en los cielos, santificado sea tu nombre.* ***Venga*** *tu reino. Hágase tu voluntad,* ***como en el cielo****, así también en la tierra*".

Jesús nos enseñó a orar para que toda la gloria del reino de su Padre rompiese el cielo y se manifestara en la tierra, transfiriendo todos los propósitos y las bendiciones celestiales a la escena terrenal.

Hace muchos años tuve una visión de lo más interesante. Vi un dique enorme. De un lado funcionaba como represa de un torrentoso río, pero al otro lado había suelo seco, árido, rajado por el sol. Entendí que el río representaba la gloria de Dios y que el suelo seco simbolizaba al mundo. Sabía que es voluntad de Dios que el conocimiento de su gloria cubra la tierra como las aguas cubren el mar y por eso dice: "Señor ¿cómo pasará tu gloria esa enorme muralla?". Y entonces, lo vi. El dique empezó a agrietarse… con fracturas delgadas como un cabello y que parecían insignificantes. Pero de esas diminutas grietas finas, como una hoja de afeitar, empezó a salir el agua en chorros igualmente finos. El muro siguió agrietándose y, mientras yo observaba, comenzaron a caer pedazos de cemento. Pronto hubo torrentes de agua por todas partes y de repente, en un instante, el robusto dique fue arrasado por el agua, la cual cubrió la tierra seca. Entonces el Señor habló y me dijo: "Mi gloria cubrirá la tierra a través de los quebrantados".

Entonces el Señor habló y me dijo: "Mi gloria cubrirá la tierra a través de los quebrantados".

Vi a Jesús entonces, en la Última Cena, partiendo el pan de la comunión, cuando dijo: "*Esto es mi cuerpo que por vosotros es partido*" (1 Corintios 11:24). Y, en un instante, inundaron mi espíritu las palabras del apóstol Pablo en Gálatas 2:20: "*Con Cristo estoy juntamente crucificado, y ya no vivo yo, mas vive Cristo en mí; y lo que ahora vivo en la carne, lo vivo en la fe del Hijo de Dios, el cual me amó y se entregó a sí mismo por mí*". ¡Qué confesión tan poderosa! Estar crucificado con Cristo. Ese es el quebranto que resultará cuando la vida de Él fluya en las nuestras, llegando al mundo seco y sediento, resquebrajado, que nos rodea. "*ya no vivo yo, mas vive Cristo en mí*".

La luz de Cristo en nuestro quebranto, así como en las vasijas de barro de Gedeón, brillará hacia afuera y esos ríos de agua viva que llevamos dentro surgirán para fluir tal como Jesús lo prometió. Pero, ¿cómo es eso de estar crucificados con Cristo? ¿Vendrá un grupo de soldados romanos que nos clavarán en una cruz? Lo cierto es que Jesús había entregado su vida mucho antes de que lo clavaran en la cruz. Oigámosle cuando oraba en el jardín: "*No se haga mi voluntad, sino la tuya*" (Lucas 22:42). Eso es quebranto de verdad. Es donde ocurre la verdadera crucifixión, y es en esa entrega de nuestra propia voluntad y nuestros deseos que nuestras oraciones cobran verdadero poder.

Es en esa entrega de nuestra propia voluntad y nuestros deseos que nuestras oraciones cobran verdadero poder.

El Salmo 51:17 afirma: "*Los sacrificios de Dios son el espíritu quebrantado; al corazón contrito y humillado no despreciarás tú, oh Dios*".

Orar según la voluntad de Dios

Uno de los mayores impedimentos para la verdadera revelación de la gloria de Dios en la tierra es la oración que ofrecen los que tienen sus propias intenciones personales y buscan exaltarse a sí mismos. Lo que oran es: "Que se haga, no tu voluntad sino la mía". Dios lo ve absolutamente todo. Oye cada oración, pero también escudriña el corazón de la persona que ora y entiende claramente las motivaciones de su corazón. No hay nada que pueda ocultarse a los ojos de Él. La oración de cualquier tipo y por lo que fuera que se ore siempre estará sujeta al escrutinio divino. Dios no solo oye lo que le pedimos que haga, sino que también lo ve todo y ve la razón real por la que se le pide lo que sea. Es a ello a lo que se refería Santiago cuando dijo:

> Estar crucificado con Cristo. Ese es el quebranto que resultará cuando la vida de Él fluya en las nuestras, llegando al mundo seco y sediento, resquebrajado, que nos rodea.

"*Codiciáis, y no tenéis; matáis y ardéis de envidia, y no podéis alcanzar; combatís y lucháis, pero no tenéis lo que deseáis, porque no pedís. Pedís, y no recibís, porque pedís mal, para gastar en vuestros deleites*" (Santiago 4:2-3).

A Dios le encanta que oremos esas cosas que están en su corazón, más que en el nuestro. Uno de los propósitos más importantes de la oración y la intercesión consiste en contribuir a que su reino venga a la tierra para que Él sea glorificado. Es una verdad que Jesús ilustra con claridad, cuando afirma: "*Y todo lo que pidiereis al Padre en mi nombre, lo haré,* ***para que el Padre sea glorificado en el Hijo.*** *Si* ***algo*** *pidiereis en mi nombre, yo lo haré*" (Juan 14:13-14).

Hay muchas personas que intentaron utilizar la fe y la oración en el nombre de Jesús como cheque en blanco, para conseguir lo que sea que quisieran para sí mismos. Dios nos ha dado promesas maravillosas en cuanto a pedir, creer y recibir. Y no es eso en absoluto lo que está en discusión aquí, sino el hecho de que hay un llamamiento mayor a la fe y la oración. Es pedir aquellas cosas que cuando las recibimos se utilizarán exclusivamente para dar gloria a nuestro Padre celestial a través de su Hijo, ¡el Señor Jesucristo! Es el tipo de oración que no tiene que ver con nosotros sino con Él, y que es **para** Él. Es ese el tipo de oración que Dios desea. Jesús ha prometido que si oramos de ese modo y con esa motivación, *"Si algo pidiereis en mi nombre, yo lo haré"* (Juan 14:14).

En 1 Juan 5:14-15 encontramos otra maravillosa promesa de las Escrituras. Dice así: *"Y esta es la confianza que tenemos en él, que si pedimos alguna cosa conforme a su voluntad, él nos oye. Y si sabemos que él nos oye en cualquiera cosa que pidamos, sabemos que tenemos las peticiones que le hayamos hecho"*.

> A Dios le encanta que oremos por esas cosas que hay en su corazón, más que en el nuestro.

Uno de los grandes secretos de la oración es descubrir el poder ilimitado que hay disponible cuando el pueblo de Dios empieza a interceder por cosas que el Señor claramente ha prometido en su Palabra escrita. La fe y la expectativa en la intercesión no son más que presunción e imaginación si no están firmemente arraigadas en aquello que constituye la expresa voluntad de Dios, aquello que Él quiere obrar. Gracias a Dios, que por su gran amor, su misericordia y su gracia no nos da todo lo que pedimos. Si lo hiciera, ¡el resultado muchas veces sería un desastre, y la clausura de sus propósitos y planes!

Dios es absolutamente honesto y sincero. No puede mentir jamás. Nunca prometerá cosas que no quiera darnos. Podemos tener la absoluta y más firme confianza de que cuando acudimos a Él en oración buscando aquellas cosas que sabemos son su expresa voluntad, llegará pronto una revelación de su gloria y su poder. No falla jamás. Cuando sabemos que conocemos cuál es la voluntad de Dios podemos rogar por esa voluntad con la absoluta certeza de que la respuesta ya está en camino.

Cuando empecemos a orar por un potente derramamiento del Espíritu Santo, que le rompa la espalda al diablo y glorifique a Dios, los cielos empezarán a agrietarse, a abrirse bajo el peso de su gloria. Cuando empecemos a orar con pasión porque se salven almas y que el nombre del Señor Jesús sea famoso entre las naciones tendremos la absoluta confianza de que el cielo va a empezar a moverse en respuesta. Jesús prometió que cuando oremos con la motivación de que su Padre sea glorificado, ¡Él responderá y nos dará lo que sea que le pidamos!

Cuando empecemos a orar por un potente derramamiento del Espíritu Santo, que le rompa la espalda al diablo y glorifique a Dios, los cielos empezarán a agrietarse, a abrirse bajo el peso de su gloria.

Cuando empezamos a orar "que se haga no mi voluntad, sino la tuya" nuestras vidas son esa grieta en el dique que permite que la gloria de Dios fluya a la tierra. Las Escrituras declaran que un día el conocimiento de esa gloria cubrirá la tierra por completo, como las aguas cubren el mar. No podría haber saturación más completa. Aunque esta promesa profética no se ha cumplido todavía, sí hemos podido ver fugazmente mucho de lo que sucede cuando el pueblo de Dios ora.

La divina alianza

Charles Finney (1792-1875) es considerado por muchos como uno de los reavivadores más grandes de la historia de Estados Unidos. Cuando Finney predicaba en una ciudad, toda la región experimentaba el potente impacto de la santa presencia de Dios, que parecía descender como si fuera una nube. La tangible presencia de Dios se sentía a lo largo de kilómetros a la redonda, por lo que multitudes de personas llegaban a Cristo como si las estuviera atrayendo una misteriosa fuerza magnética. Se llenaban las iglesias de nuevos conversos, se desplomaban las tasas de criminalidad y las cárceles se vaciaban puesto que mucha gente se había acercado a Jesús. El impacto en la naturaleza moral de las ciudades y regiones duraba décadas debido a la obra sobrenatural del Espíritu Santo a través de ese hombre de Dios. Lo interesante es que más o menos el ochenta por ciento de esa gente que aceptaba a Cristo en las reuniones de Finney todavía seguían sirviendo al Señor de manera activa veinticinco años después de su experiencia inicial de salvación.[16] Una estadística extraordinaria.

Los maravillosos reavivamientos tras el ministerio de Charles Finney eran mucho más que el simple resultado de la elocuente predicación de este siervo de Dios. La estela que dejaba Finney detrás de sí era una atmósfera que reflejaba la santidad de Dios. Al percibir esa atmósfera, el testimonio de la gente era parecido al del profeta Isaías que, al encontrarse con la santidad de Dios clamó, desesperado: *"¡Ay de mí! que soy muerto"* (Isaías 6:5). Es que las personas quedaban atónitas y quebrantadas ante los horrores de sus pecados al ver la profunda ofensa que causaba el pecado en el corazón de Dios. En muchos se producía ese temor reverencial del Señor, que hacía que acudieran a Cristo con sincero y verdadero arrepentimiento. Y jamás volvían a ser los mismos de antes.

Se ha escrito mucho sobre el maravilloso ministerio de Charles Finney, pero se sabe muy poco sobre otro hombre llamado Daniel Nash, que acompañaba a Finney. Son muy pocos los que saben que existía, siquiera. Era un hombre callado por naturaleza, que rara vez asistía a las reuniones de reavivamiento en las que predicaba Finney. Aunque había sido pastor en su juventud, lo habían lastimado algunos líderes de la iglesia que por creer que ya estaba demasiado viejo le habían despedido. En ese momento tenía 46 años. Eso que rompió el corazón a Nash fue tan solo parte de lo que Dios tenía preparado para él, una tarea mucho más grande. El ministerio de Nash fue uno de oración e intercesión. Debido a su dolor, se retiró del ministerio público ¡pero se convirtió en un hombre de oración poderoso, que prevalecía!

Dios había hecho que se cruzaran los caminos de Daniel Nash y Charles Finney para formar un equipo que Él iba a usar de manera más que fenomenal. Nash precedería a Charles Finney en la visita a tal o cual ciudad donde se harían las reuniones de reavivamiento. Este hombre iba a la ciudad y se alojaba en alguna hostería o posada, y empezaba a orar por las reuniones que se realizarían. A veces no salía de su habitación durante días, porque se dedicaba por completo a la intercesión. En ocasiones, hubo gente que dijo haber oído llanto y gemidos que provenían de la habitación de ese hombre, mientras oraba porque se liberara el poder del Espíritu Santo y hubiera una gran cosecha cuando viniera a predicar Charles Finney.

Daniel Nash oraba por días, hasta sentir que se había cumplido la obra en el espíritu de las reuniones que se harían. Otras veces oraba durante tres o cuatro semanas, anticipándose a la llegada de Finney, pero no dejaba de orar hasta sentir en su espíritu que se había terminado de preparar todo por medio de la intercesión. Nash oraba hasta que sentía que la atmósfera espiritual estaba preparada y cuando sentía tal liberación le enviaba un mensaje a Charles Finney diciendo que el lugar ya estaba listo para su llegada. Entonces venía Finney, predicaba el evangelio, y la marea de la gloria santa y salvadora de Dios, que convierte y convence, inundaba la ciudad y como resultado de todo eso la gente aceptaba a Cristo y eran salvos.

Dios se movió más que nunca en ese período de la historia de Estados Unidos y, como resultado del ministerio de Finney, hubo regiones enteras que se transformaron. Los historiadores señalan que esas reuniones tuvieron un impacto tan profundo en la gente y la sociedad ¡que sus efectos todavía podían verse más de un siglo después![17] La potente predicación de Charles Finney, que llevó la salvación a cientos de miles de personas, no habría tenido el impacto que tuvo sin esa asociación espiritual con Daniel Nash y su ministerio de intercesión. Resulta interesante notar que tan solo cuatro meses después de la muerte de Daniel Nash, Charles Finney dejó el ministerio itinerante de reavivamiento, para pastorear una iglesia. Entonces esos potentes reavivamientos característicos de su ministerio y que transformaron a toda una nación, se fueron espaciando y esfumando.

Daniel Nash está sepultado en una tumba sencilla, en un cementerio desconocido, tras el granero de una granja en la región norte del estado de Nueva York. Durante décadas quedó perdido en la historia. En la lápida, gastada y pequeña, hay una inscripción: "Daniel Nash, ministro de oración de Charles Finney". Aunque para el común de la gente es prácticamente un desconocido, Dios usó a Nash de manera muy profunda y poderosa para que hiciera nacer esos reavivamientos de Charles Finney que tocaron las vidas de miles y miles de personas. Seguramente Daniel Nash disfruta del mismo fruto galardonador que Charles Finney hoy en el cielo, por el papel que tuvo en la intercesión y la oración.

Creo que hoy en la tierra hay muchos Daniel Nash. Los conoce solamente Dios (y tal vez los de su familia y algunos amigos). Quizá jamás escriban un libro. Tal vez nunca aparezcan en televisión. Es probable que no lleguen a tener un gran ministerio público que recaude dinero, que goce de popularidad y de la aclamación de multitudes, pero su labor, su esfuerzo invisible en la oración intercesora dan como resultado el avance de la obra de Dios en la tierra. Mientras estén aquí podrán ser desconocidos. Pero un día, en el cielo, serán campeones.

No hay atajos

Hay un santo trabajo, una santa tarea en la tierra que solamente puede hacerse en el espíritu a través de la intercesión, no tiene sustitutos. No puede sobreestimarse su valor porque si falta, habrá poco o nada de beneficio eterno. Hoy son muchos los que intentan ofrecerle al mundo programas, talento, música y atractivos emocionales en su esfuerzo por atraer los corazones de miles y miles de personas hacia Dios. Pero casi nunca tales esfuerzos llegan a conseguir sus objetivos, por lo que su fracaso es patético. Es que sencillamente no tienen el músculo espiritual, siempre requerido, para ver la manifestación de lo que Jesús describía cuando dijo: "*Venga tu reino. Hágase tu voluntad, como en el cielo, así también en la tierra*" (Mateo 6:10). El reino de los cielos no invadirá la tierra destruyendo las fortalezas de las tinieblas demoníacas si el pueblo de Dios no intercede y lo declara en fe. No hay atajos al derramamiento del poder del cielo en la tierra. Estas cosas suceden de la misma manera en que han sucedido a lo largo de los siglos.

No hay sustituto para la oración. No hay atajos que puedan eludirla.

Solo se verá la presencia de Dios, de su poder y de su gloria, cuando su pueblo ore con ferviente pasión, con santa convicción ¡y con irrenunciable perseverancia!

A. T. Pierson señaló: "Desde el día de Pentecostés no ha habido despertar espiritual en ninguna tierra donde no se haya empezado por una unión en la oración, usualmente tal vez con solo dos o tres personas. Cuando dejaron de existir esas reuniones de oración, ese movimiento, alcance y elevación ya no continuaron".

En los inicios del reavivamiento galés (1904) un evangelista de Wiltshire visitó las reuniones de Ferndale. Se puso de pie y dijo: "Amigos, he viajado a Gales con la esperanza de aprender cuál es el secreto del reavivamiento galés". Enseguida Evan Roberts se levantó y con el brazo en alto dijo: "Hermano ¡no hay secreto! ¡Pidan y recibirán!".[18] No hay sustituto para la oración. No hay atajo que eluda la oración. John Bunyan afirmó: "Uno puede hacer más que orar después de haber orado, pero no se puede hacer más que orar hasta tanto no lo hagas".

Una cosecha sin precedentes

En una década (2000-2009) nuestro ministerio, Cristo para todas las Naciones (en inglés, Christ for all Nations), fundado por Reinhard Bonnke, ha visto a más de 53 millones de personas recibiendo a Cristo como su Salvador en nuestras grandes campañas de evangelización en África.[19] Esa increíble cosecha de almas no sucedió como resultado de una brillante estrategia de mercadeo o ingeniosos trucos publicitarios. No. Es producto del derramamiento del Espíritu Santo en proporciones bíblicas. Ninguno de nosotros sería tan ingenuo como para pensar que lo hemos hecho por nosotros mismos. Sabemos que hay miles de personas que han llorado y orado por nosotros, por la cosecha, como oraba Daniel Nash por Charles Finney, como la iglesia oró porque Pedro fuera liberado de la prisión.

Las mismas manos invisibles que hicieron que se soltaran las cadenas que ataban las muñecas de Pedro hoy rompen las cadenas que sujetan a las naciones cuando vamos y predicamos el evangelio, obedeciendo a la Gran Comisión. Nada de eso sería posible si no fuera por las oraciones continuas y persistentes del pueblo de Dios. Creemos que cada uno de los fieles guerreros de la oración que han estado al lado de nosotros y que nos cubrieron en oración son tan importantes como quien predica desde la tarima. Creo que quienes nos cubren en oración tendrán su porción de recompensa porque Dios no premia según la función. Recompensa según nuestra fidelidad y obediencia.

Tal vez nunca puedas predicar ante millones de personas, ministrar a reyes y gobernantes, o dar inicio a un ministerio de evangelización mundial, pero por medio de la oración **tú tienes** la capacidad de transformar naciones. ¡Es algo increíble!

Si queremos ver que nuestra iglesia, nuestra ciudad y nuestra nación despierten y se recoja la cosecha, ¡tenemos que orar! Si deseamos ver que se derrame el Espíritu Santo sobre la tierra en nuestros días, ¡tenemos que orar! Si queremos ver cómo caen a nuestros pies las cadenas que Satanás ha preparado para nuestra generación, tenemos que orar. Si queremos ver que se abran las puertas de la prisión como se abrieron para Pedro y los cautivos liberados, ¡tenemos que orar! Si queremos ver cómo se rompe el dique, para que la gloria de Dios inunde la tierra, **¡tenemos que orar!**

VII

LA ORACIÓN QUE ABRE LAS PUERTAS A LO MILAGROSO

Y ni mi palabra ni mi predicación fue con palabras persuasivas de humana sabiduría, sino con demostración del Espíritu y de poder.
1 Corintios 2:4

Como Dios ya ha rasgado los cielos por medio de la sangre de Jesucristo, y nos ha dado acceso a todos sus recursos a través de la oración, podemos vivir y trabajar ¡bajo un cielo abierto! Debido a esa verdad, como hijos de Dios, nuestra herencia es la gloria de Dios.

La palabra "gloria" aparece una y otra vez a lo largo de la Biblia. Puede usarse de varias maneras. En las Escrituras, por ejemplo, vemos que "gloria" se usa para describir el honor, la riqueza y el poder. Sería una referencia a la "gloria" de un rey o una persona en alta estima. El segundo uso de esta palabra es para describir la presencia de Dios, manifiesta o tangible. Y si analizamos con atención esta definición de "gloria", descubriremos que puede usarse para describir encuentros personales de individuos en situaciones en que la gloriosa presencia de Dios sale del plano sobrenatural para entrar al plano terrenal.[20]

Es la experiencia de personas que usan uno o más de sus cinco sentidos naturales: la vista, el oído, el gusto, el tacto y el olfato. ¿Estamos diciendo que podemos percibir a Dios de esta manera? ¡Así es!

A lo largo de las Escrituras, tanto en el Antiguo Testamento como en el Nuevo, hallamos ejemplos de personas comunes que experimentaron a Dios de esta manera. Más o menos dos millones de hijos de Dios vieron su gloria con sus ojos físicos, como columna de nube durante el día y como columna de fuego durante la noche. No fue una experiencia mística o emocional espiritual. Esta gente **veía** la nube de día y **veía** el fuego de noche. Los niños nacidos en el desierto crecieron sin saber que esa manifiesta y visible revelación de la gloria del Señor era algo fuera de lo común.

Moisés vio y vivió ese mismo fuego santo cuando estuvo ante una zarza ardiente. En Éxodo 3:1-6 leemos que Dios le habló en ese lugar y que incluso le dijo: *"Quita tu calzado de tus pies, porque el lugar en que tú estás, tierra santa es"* (Éxodo 3:5). Moisés vio el fuego de Dios y experimentó parte de la santidad divina como lo hizo Isaías, porque la Biblia dice que "*tuvo miedo* ***de mirar*** *a Dios*" (v. 6).

Otro ejemplo de la revelación de la gloria del Señor ocurrió el día de Pentecostés. Este ejemplo tuvo que ver con que la gente oía físicamente el sonido de la gloria de Dios cuando fue derramado el Espíritu Santo sobre los que estaban reunidos. Hechos 2:2-3 lo registra así:

Como hijos de Dios nuestra herencia es su gloria.

> *"Y de repente vino del cielo* ***un estruendo*** [lo oyeron] *como de un viento recio que soplaba, el cual llenó toda la casa donde estaban sentados; y* ***se les aparecieron*** [lo vieron] *lenguas repartidas, como de fuego, asentándose sobre cada uno de ellos".*

Los milagros de Jesús fueron revelaciones de la gloria del Señor puesto que fueron invasiones celestiales con impacto en la gente, de manera que pudieran percibirlos con sus sentidos naturales.

En Juan 2 encontramos la historia del primer milagro que operó Jesús en las bodas de Caná, cuando había ocurrido algo que avergonzaría terriblemente a la familia anfitriona. ¡Se les había acabado el vino! María, la madre de Jesús, se acercó a su Hijo y le pidió que por favor hiciera algo. Jesús les dijo a los sirvientes que trajeran seis grandes tinajas de agua. En cada una cabrían entre ochenta y cien litros. Les dijo que las llenaran de agua y las llenaron hasta el borde. Cuando el maestro de ceremonias probó el agua, quedó atónito al ver que se había convertido en el mejor de los vinos. Fue este el primer milagro de Jesús. Juan registra el relato de esta manera: "*Este principio de señales hizo Jesús en Caná de Galilea, y* ***manifestó su gloria****; y sus discípulos creyeron en él*" (Juan 2:11).

El poder de Dios fluyó y descendió a la tierra convirtiendo el agua de seis vasijas en el vino más exquisito. Todo como resultado de la intervención celestial.

En Hechos 4 leemos el relato de la intercesión en la Iglesia primitiva, que oraba pidiendo valentía y confianza para predicar el evangelio y ver poderosas demostraciones del Espíritu Santo por medio de señales y milagros. Dice la Biblia: "*Cuando hubieron orado, el lugar en que estaban congregados* ***tembló;*** *y todos fueron llenos del Espíritu Santo, y hablaban con denuedo la palabra de Dios*" (Hechos 4:31).

Cuando oraron estos que ya habían sido llenos del Espíritu Santo el día de Pentecostés, pidiendo valentía para predicar el evangelio sin retractarse de nada, la gloria de Dios llenó el lugar con tal poder que hasta el edificio donde estaban reunidos tembló. ¡El cielo invadió la casa! ¡Eso es poder!

En Hechos 5:14-16 leemos que la medida de la gloria manifiesta de Dios reposaba grandemente sobre Pedro:

Los milagros de Jesús fueron revelaciones de la gloria del Señor puesto que fueron invasiones celestiales con impacto en la gente, de manera que pudieran percibirlos con sus sentidos naturales.

"Y los que creían en el Señor aumentaban más, gran número así de hombres como de mujeres; tanto que sacaban los enfermos a las calles, y los ponían en camas y lechos, para que al pasar Pedro, ***a lo menos su sombra*** *cayese sobre alguno de ellos. Y aun de las ciudades vecinas muchos venían a Jerusalén, trayendo enfermos y atormentados de espíritus inmundos; y* ***todos eran sanados****".*

Resulta casi imposible creer que es posible andar en tal medida de la gloria manifiesta de Dios y que no exista enfermedad o poder demoníaco que pueda mantenerse en nuestra presencia. ¡Es como pensar que una bola de nieve puede soportar la llama azul de un soldador!

Vivir el evangelio

Con esta definición Dios puede moverse en todo su esplendor y lo hace, en el plano natural de la existencia humana, donde las personas en verdad pueden experimentarle. Creo que en todas partes la gente anhela que Dios les toque de manera tangible. Es un mundo perdido, que se está muriendo y que anhela ver el evangelio, vivirlo; un mundo que anhela que el poder del evangelio les toque y les sane. Quieren hacer más que tan solo oír el evangelio con los oídos. El que oye el evangelio debería vivir una experiencia que requiera de una explicación ¡y no vivir tan solo una explicación de algo que requiere de una experiencia! El evangelio tiene que ser un encuentro transformador.

Milagros en nuestros días

La manifestación de la gloria de Dios no es algo que solo sucedía en la época bíblica. En la actualidad, debido a las oraciones del pueblo de Dios, a la fe en su Palabra y a la declaración del evangelio, estamos viendo la gloria de Dios manifestada en todo el mundo, día tras día.

En la ciudad de Kafanchan, Nigeria, recibí palabra de conocimiento sobre el VIH SIDA, por lo que un joven enfermo en las etapas finales de este mal cayó de repente al suelo bajo el poder de Dios. Esa noche soñó que Jesús venía y le decía que estaba sano. Fue a ver al médico a la mañana siguiente y volvieron a hacerle los análisis. Por la noche volvió a la reunión con un informe que me entregó. Lo sostuve en mi mano y ante la multitud de más de 220.000 personas leí el resultado: ¡VIH negativo! ¡Había recibido una transfusión de sangre del cielo! ¡Alabado sea el Señor!

- En la ciudad de Nsukka, donde se reunieron más de 425.000 personas para la última reunión, la señora Regina Attah asistió con sus tres hijos: Umeka (12), Chinwendu (10) y el pequeño Chukwudi (7). Los tres eran completamente ciegos, ya que habían perdido la vista: Umeka hacía ocho años, Chinwendu hacía dos años y el pequeño Chukwudi hacía un año. Mientras orábamos por los enfermos, ¡los tres pequeños recibieron la vista perfecta en el mismo momento!

> El que oye el evangelio debería vivir una experiencia que requiera de una explicación ¡y no vivir tan solo una explicación de algo que requiere de una experiencia!

- En Isokoland una joven que durante 20 años había sido sordomuda, de repente pudo oír y hablar claramente después de que oráramos. Su hermano estaba allí entre un cuarto de millón de personas, y vio que su hermana podía hablar después de dos décadas de mudez. Fue muy emotivo ver cómo corrió abriéndose paso entre la gente para llegar a la tarima y abrazarla. Lloraron y se regocijaron juntos.

- En Mubi, entre las 630.000 personas presentes esa noche había una joven que por 20 años había sido discapacitada. Durante la oración por los enfermos cayó al suelo y dijo que un hombre con vestidura blanca y rodeado de luz, vino a ella y le dijo: "¿Qué quieres?". Ella le respondió: "Quiero sanar". Al despertar descubrió que podía usar las piernas perfectamente ¡y hasta podía correr!

- En Bali, una dama dio testimonio de que su cáncer de mama estaba en etapa terminal. Estaba muriendo. Tenía llagas en el pecho, por lo que todo su lado derecho estaba paralizado. Al recibir la sanidad no se encontraba en la reunión sino que estaba en la cama, en su casa. Pero podía oír la predicación por los potentes altoparlantes que cubrían el área entera con el sonido del mensaje el evangelio. Me había oído decir: "Si estás en la cama ahora, ¡levántate!". Respondió con fe y dijo que de repente sintió como si dos manos la levantaran y la pusieran de pie. Fue entonces que se dio cuenta de que ya no estaba paralizada, que se habían curado las llagas de su pecho y que ya no tenía cáncer. ¡Estaba perfectamente sana! Esa mujer que no había podido ponerse de pie, luego caminó hasta donde estaba el enorme campo en que nos hallábamos reunidos al aire libre, y subió a la tarima para dar su testimonio.

- ☞ En Otukpo un hombre sanó completamente ¡después de haber sido ciego de los dos ojos por más de ochenta años!

- ☞ En Río de Janeiro, Brasil, una señora que había pasado por doce cirugías mayores porque tenía problemas de espalda, llegó en silla de ruedas. Pero tras recibir la oración, ¡se levantó de un salto, completamente sana!

- ☞ En Sapele recibí palabra de conocimiento sobre alguien herido de bala que no había podido recuperarse de su lesión por muchos años. En respuesta a esa palabra una mujer subió a la tarima y contó su historia. Le habían disparado en la pierna cuatro años antes y desde entonces cojeaba. Esa noche, tras la oración, bailó conmigo sobre la tarima, ¡totalmente sana!

- ☞ En Ugep una mujer trajo a su hijo para que oráramos por él. Durante los últimos quince años había estado mentalmente enfermo, insano, loco, violento, incontrolable. Tras recibir la oración hubo una transformación maravillosa. Hablaba con voz suave y con sensatez, estaba cuerdo. Me dijo que Jesús le había sanado. ¡Alabado sea el Señor!

- ☞ En el estado de Taraba, Nigeria, vino a verme el gobernador. Traía a su hermana que era estéril. Oré por ella pidiendo a Dios que abriera su vientre para que pudiera concebir. Cuando al año siguiente visité otra ciudad del mismo estado, el gobernador vino a verme de nuevo, junto con su hermana. Esta vez, llevaba nueve meses de embarazo y estaba a punto de dar a luz. Dio gracias a Dios por el milagro. (En las páginas 118-121 hay fotografías de estos testimonios de milagros.)

Podría seguir y seguir con los testimonios de las impresionantes salvaciones, sanidades, liberaciones y milagros que suceden **cada noche** en **cada una de las campañas** por el poder del evangelio y el poder de la oración que se ofrece en la fe. De hecho, hay algunos pastores que nos dicen que ocurren tantos milagros durante la semana de nuestra campaña de evangelización que a las iglesias les lleva un año entero escuchar todos los testimonios.

Resucitado de entre los muertos

Uno de los milagros más asombrosos que hayamos vivido ocurrió en la ciudad de Onitsha, en Nigeria. El 30 de noviembre de 2001, Daniel Ekechukwu y un amigo sufrieron un terrible accidente automovilístico debido a que chocaron de frente contra una columna de piedra. El pecho de Daniel quedó aplastado contra el volante y su cabeza salió por el parabrisas. Lo llevaron enseguida al hospital, a la sala de terapia intensiva, y poco después falleció. El doctor Josse Annebunwa era el médico de guardia en la Clínica St. Eunice, que firmó el certificado de defunción de Daniel ese día. Lo llevaron a la morgue, donde se preparó el cuerpo para el funeral. Esa noche su esposa Nneka empezó a orar y a clamar en el nombre del Señor. Le rogó a Dios, recordándole sus promesas a ella. Sabía que no podría aceptar la muerte de su esposo. Recordaba el pasaje de las Escrituras en Hebreos 11:35 que afirma: "*Las mujeres recibieron sus muertos mediante resurrección*".

Pasados tres días, Nneka le pidió a su suegro que le permitiera llevar el cuerpo ya embalsamado de su esposo al lugar donde estaba predicando el evangelista Reinhard Bonnke. Cuando llegaron a la iglesia, los pastores no se ponían de acuerdo sobre qué hacer con el ataúd. Las autoridades locales exigieron que se abriera para confirmar que dentro había un cadáver y no una bomba. Tras la revisión del ataúd, los pastores decidieron que permitirían ubicarlo en el sótano.

Arriba, estaba predicando el evangelista Bonnke. Y abajo oraban la esposa y el padre de Daniel. Muy lentamente, dijeron, empezó a darse un cambio. Vieron cómo Daniel empezaba a respirar poco a poco, aunque su cuerpo estaba rígido por el *rigor mortis*. Otros pastores se acercaron al cuerpo y empezaron a masajearlo, orando y cantando alabanzas a Dios.

De repente Daniel movió los ojos, se sentó ¡y pidió un poco de agua! Dijo que varias semanas más tarde su cuerpo siguió oliendo a formol, debido al proceso de embalsamamiento. Pero resucitó a la vida y comenzó a dar a conocer ese increíble testimonio en todo el mundo para la gloria de Dios. Ese milagro extraordinario ha quedado documentado en la película titulada "Resucitado de entre los muertos".[21]

Un llamamiento extraordinario

La Biblia está repleta de relatos acerca de la manera en que Dios ha demostrado su gloria a lo largo de la historia. Hay gente que piensa que son nada más que cuentos que se han transmitido por razones históricas y que solo tienen por intención entretenernos y enseñarnos alguna moraleja por medio de alegorías.

¡Se equivocan! Otros piensan que estas historias bíblicas son ejemplos de la máxima capacidad de Dios. ¡También están equivocados!

Estos testimonios son tan solo una muestra de lo que es posible en Dios. Con Dios, lo sobrenatural es natural y lo imposible, posible. El cristianismo tiene por intención ser una existencia sobrenatural de principio a fin, y la demostración del poder de Dios debiera ser lo más común y habitual.

En una ocasión me preguntaron: "¿Cuál es el don de su ministerio?". Pensaban que iba a decir que se trataba del don de apóstol, profeta, pastor, maestro o evangelista. Pero respondí: "Soy como el acomodador del cine". El llamamiento más grande que pueda tener una persona es a ser el que ayuda a llevar la presencia de Dios al mundo, un mundo que la necesita con desesperación. Por medio de la oración tenemos el privilegio de hacer entrar la gloria de Dios en el mundo, trayendo el cielo a la tierra. ¡Ese sí es un llamamiento extraordinario!

La demostración del poder de Dios debiera ser lo más común y habitual.

VIII

ORAR CON EXPECTATIVA

Pero pida con fe, no dudando nada; porque el que duda es semejante a la onda del mar, que es arrastrada por el viento y echada de una parte a otra.

Santiago 1:6

De repente el ángel desapareció, y la fresca brisa de la mañana erizó el vello del brazo de Pedro. Se dio cuenta de que estaba despierto y que todo lo que había pasado era real. Se le habían caído las cadenas de las muñecas. Y, en verdad, había pasado caminando por delante de los guardias. ¡Las grandes puertas de hierro se habían abierto de veras y, en verdad, ya estaba libre! Como sabía que los creyentes estaban orando por él, caminó por las calles vacías hasta la casa de María, madre de Juan Marcos. Era allí donde estaban reunidos orando y Pedro estaba impaciente porque le vieran la cara sus queridos amigos, esos que intercedían con diligencia por su libertad.

A esta altura, la historia se vuelve un tanto cómica ya que si bien todas las demás barreras y puertas se habían abierto sin problemas para Pedro, estaba a punto de encontrarse con una que no se abriría tan fácilmente.

La Biblia dice en Hechos 12:13 que Pedro golpeó a la puerta y que una joven llamada Rode lo oyó. Entreabrió apenas la puerta y preguntó: "¿Quién es?", y Pedro dijo: "Soy yo, Rode… acabo de ser liberado de la prisión. Abre la puerta y déjame entrar". Pero Rode se emocionó tanto al oír la voz de Pedro que no llegó a abrir la puerta puesto que salió corriendo para contarles a los que oraban. Unos estaban inclinados, otros lloraban y aun otros libraban guerra en los cielos pidiendo por la liberación de Pedro.

Rode interrumpió la reunión de oración al anunciar con toda urgencia: "¡Oigan, todos! Pedro está aquí, afuera, en la puerta". Ellos se rieron de ella. "Estás loca, Rode… ¿acaso no sabes que Pedro está preso? Lo tienen entre dos soldados, encadenado, tras dos pabellones llenos de guardias, tras una enorme puerta de hierro. No hay posibilidades de que Pedro esté en la puerta. ¡Vuelve aquí y ora con nosotros!".

No sé cuánto tiempo habrán seguido debatiendo. Lo que la Biblia nos cuenta es que mientras ellos seguían hablando, Pedro seguía tocando a la puerta.

> Hay una puerta que siempre puede interponerse e impedir que recibamos nuestro milagro. Es la puerta de la incredulidad.

¡Qué graciosa ironía! A Pedro se le habían abierto todas las puertas, excepto la de la casa donde los creyentes estaban orando para que se abrieran las puertas. Esto sirve de ilustración para un mensaje muy poderoso. Dios nos ha dado las llaves del reino. Nos ha nombrado porteros. Lo que atemos en el cielo será atado en la tierra… y lo que soltemos en el cielo será soltado en la tierra. Tenemos el poder y la autoridad para abrir todas las puertas. No hay poder en la tierra que pueda contra nosotros, ni siquiera las puertas del infierno podrán prevalecer. Pero hay una puerta que siempre puede interponerse e impedir que recibamos nuestro milagro. Es **la puerta de la incredulidad.**

Muchas veces la respuesta a nuestras oraciones ha estado allí, tras la puerta, pero nos la perdimos porque no creímos que Dios en realidad nos hubiera oído y respondido. Los creyentes estaban orando por Pedro pero aparentemente no creyeron que Dios les respondería. Lo único peor que la falta de oración es la oración sin expectativa.

Por desdicha muchos piensan que la oración no es más que un ejercicio religioso que aplaca esa necesidad que tiene Dios de que le hablemos. Es como un deber religioso, como el deber de pagar las cuentas de la casa. Los que piensan eso, cuando oran se sienten mejor consigo mismos. Y cuando no oran se sienten culpables. Creo que piensan que Dios tiene un cronómetro y que va registrando cuántos minutos han dedicado a orar, como lo hace el reloj de los empleados que trabajan para recibir un salario a fin de mes.

Jesús descartó esa mentalidad respecto de la oración cuando dijo: *"Y orando, no uséis vanas repeticiones, como los gentiles, que piensan que por su palabrería serán oídos. No os hagáis, pues, semejantes a ellos; porque vuestro Padre sabe de qué cosas tenéis necesidad, antes que vosotros le pidáis"* (Mateo 6:7-8).

Así que si orar mucho tiempo y con muchas palabras no es la clave para recibir una respuesta, ¿cuál será entonces? La respuesta es simple: **¡la fe!**

El enemigo real: la incredulidad

En Mateo 17 leemos que un hombre que tenía un hijo poseído por demonios se acercó a los discípulos de Jesús pidiendo ayuda, pero como ellos no pudieron echar fuera a los malos espíritus le preguntaron a Jesús por qué habían fracasado. Y Él les dijo: *"Por vuestra poca fe"* (v. 20). Esta es una explicación muy clara y precisa que Jesús reiteró cuando dijo luego: *"Porque de cierto os digo, que si tuviereis fe como un grano de mostaza, diréis a este monte: Pásate de aquí allá, y se pasará; y nada os será imposible"* (v. 20).

Lo simple y claro de esta afirmación a menudo queda de lado por la confusión que causan las palabras que dijo Jesús a continuación: "*Pero este género no sale sino con oración y ayuno*" (v. 21).

Casi parece que Jesús se contradijo. Cuando los discípulos preguntaron por qué no habían podido exorcizar al demonio, el Señor les dijo que era por su poca fe. Sin embargo, ahora pareciera estar diciendo que es porque no habían ayunado y orado lo suficiente. ¿Es una cosa o la otra? La confusión se produce cuando no entendemos el mensaje, la moraleja.

Lo único peor que la falta de oración es la oración sin expectativa.

A primera vista podría parecer que en este relato el punto central es el demonio, pero si observamos con atención veremos que el verdadero antagonista de esta historia no es el demonio sino el espíritu de incredulidad. Los discípulos estaban preocupados por el demonio que poseía al muchacho, pero a Jesús le preocupaba la incredulidad que tenían dentro sus discípulos. La pregunta de ellos era en cuanto a echar demonios, pero la respuesta de Jesús era acerca de echar fuera la duda, porque Él sabía que si echaban fuera la incredulidad, exorcizar demonios sería fácil, un simple juego de niños.

A veces tenemos que orar mucho y ayunar por muchos días antes de obtener la victoria, pero no es porque nuestros pedidos obliguen a Dios a hacer algo ni porque le torzamos la mano con nuestras muchas palabras. Y tampoco es porque finalmente nos ganamos la respuesta a nuestras oraciones al acumular suficientes horas de crédito en nuestra cuenta bancaria espiritual.

Tanto las largas oraciones como el ayuno pueden hacer falta, pero eso es para que nosotros logremos vencer nuestra propia obstinación carnal, para que podamos echar fuera al espíritu de incredulidad que bloquea al poder de Dios, para que no dejemos fluir a través de nosotros dicho espíritu. Es este **tipo de incredulidad** lo que "sale con oración y ayuno". Lo mires como lo mires, la fe es la clave de la oración poderosa. Esto es lo que Jesús estaba enseñando en esta historia.

Echar fuera la incredulidad

En Mateo 9:25, cuando había muerto la hijita de Jairo, Jesús tuvo que hacer salir de la habitación a todos los que estaban allí antes de poder resucitarla de entre los muertos. ¿Por qué no permitió que todos esos escépticos que le despreciaban vieran el milagro con sus propios ojos? Porque tenía que echar fuera la incredulidad.

Lo mismo hizo Pedro en Hechos 9:40: "*Entonces, sacando a todos, Pedro se puso de rodillas y oró; y volviéndose al cuerpo, dijo: Tabita, levántate. Y ella abrió los ojos, y al ver a Pedro, se incorporó*". Jesús les enseñó esto a sus discípulos: echen fuera al espíritu de incredulidad y no habrá nada que pueda contra ustedes. Los demonios, la muerte e incluso las montañas más formidables les obedecerán.

Jesús sabía que si echaban fuera la incredulidad, exorcizar demonios sería fácil, un simple juego de niños.

Esperamos recibir

En Hechos capítulo 3 leemos una historia extraordinario sobre un cojo que resultó estar en el lugar indicado en el momento preciso:

Pedro y Juan subían juntos al templo a la hora novena, la de la oración. Y era traído un hombre cojo de nacimiento, a quien ponían cada día a la puerta del templo que se llama la Hermosa, para que pidiese limosna de los que entraban en el templo. Este, cuando vio a Pedro y a Juan que iban a entrar en el templo, les rogaba que le diesen limosna. Pedro, con Juan, fijando en él los ojos, le dijo: Míranos. Entonces él les estuvo atento, esperando recibir de ellos algo. Mas Pedro dijo: No tengo plata ni oro, pero lo que tengo te doy; en el nombre de Jesucristo de Nazaret, levántate y anda. Y tomándole por la mano derecha le levantó; y al momento se le afirmaron los pies y tobillos; y saltando, se puso en pie y anduvo; y entró con ellos en el templo, andando, y saltando, y alabando a Dios.

Hechos 3:1-8

Cuando leo este pasaje hay algunas cosas que para mí, sencillamente, saltan a la vista. La primera es que el versículo 3 dice que el hombre cojo **vio** a Pedro y a Juan que iban a entrar al templo, y **les rogaba** que le diesen limosna. Pero en el versículo 4 Pedro le ordena algo: "¡Míranos!". Y después, en el versículo 5, dice: *"Entonces él les estuvo atento, **esperando recibir** de ellos algo*".

El cojo había visto a Pedro y a Juan pero no estaba prestando atención. Pedía algo pero no esperaba recibirlo. ¿Alguna vez te encontraste en esta situación al acudir al Señor? ¿Oraste por algo sin expectativa de que sucedería? Es el tipo de reunión de oración que había en casa de María. Aunque oraban pidiendo que Pedro fuese liberado, en realidad, no creían que fuese a pasar; incluso cuando el mismo Pedro estaba parado ante la puerta. Aunque Dios había oído sus oraciones y quería y podía hacer lo que pedían, la incredulidad de ellos bloqueaba la respuesta.

Sin fe, tu oración podría en realidad ser un pecado puesto que Romanos 14:23 declara que *todo lo que no proviene de fe, es pecado.* Antes de que Pedro y Juan pudieran liberar el poder sanador de Dios para que entrara en el cuerpo del cojo, tenían que hacer que cambiara su postura por la actitud de la fe y la expectativa. Por eso hoy el Señor te dice a través de su Palabra: "¡Mírame! Presta atención a lo que estoy diciendo. Cuando pidas, ¡espera recibir!".

Santiago 1:6-8 dice: *"Pero pida con fe, no dudando nada; porque el que duda es semejante a la onda del mar, que es arrastrada por el viento y echada de una parte a otra. No piense, pues, quien tal haga, que recibirá cosa alguna del Señor. El hombre de doble ánimo es inconstante en todos sus caminos"*.

La atmósfera de expectativa

En nuestras grandes reuniones de evangelización en África, la gente que asiste suele hacerlo con un alto nivel de hambre espiritual y expectativa en cuanto al milagroso poder de Dios. Han oído testimonios de todo lo que Dios ha hecho por otros y creen que Dios hará lo mismo por ellos. Saben que Dios mostrará su poder y su gloria en esas reuniones multitudinarias y vienen con toda la expectativa de que serán ellos ahora los que reciban esas bendiciones.

Es esa actitud la que en verdad trae lo milagroso, la que causa ese relámpago de la gloria de Dios. No llegan esperando que sea la voluntad de Dios revelarse a sí mismo. ¡Eso ya lo saben! Y como ya lo esperan, oran desde una postura de plena confianza y expectativa. Cuando Dios oye ese tipo de oración y ve ese tipo de acción por parte de gente desesperadamente hambrienta, revela su maravilloso poder en maneras fenomenales.

Orar con fe y expectativa siempre atraerá la presencia y el poder de Dios. Por el contrario, la ausencia de estos elementos clave rechaza y repele la presencia y el poder de Dios. Hay una correlación directa entre el nivel de creencia y expectativa del corazón de la gente y la medida de la revelación de la gloria del Señor. Cuando el pueblo de Dios ora con la firme convicción de que es voluntad de Dios responder a sus oraciones y revelar su gloria, esa expectativa de su gloria traerá la manifestación de Dios en sus vidas.

Trae tu paraguas

Hace muchos años ya, una región del centro de Estados Unidos se hallaba desolada por la sequía. En un pueblo pequeño que dependía por completo de la agricultura se secaba la cosecha en los campos porque hacía mucho tiempo que no llovía. Entonces se declaró un día de oración y ayuno en el que acudirían tanto los del pueblo como los de las granjas de la zona para pasar el día orando y pidiendo a Dios que enviara la lluvia.

Esa mañana llegó a la iglesia una pequeña de cinco años acompañada por sus padres. Algunas personas sonrieron, porque les resultaba divertido ver que la niña llevaba un paraguas. Cuando le preguntaron por qué lo tenía consigo, la pequeña contestó que creía que habían venido ese día a orar para que lloviera. Y que ella no quería mojarse cuando regresara a casa.

Eso trajo convicción a los corazones de la gente. Vieron que habían acudido a orar pero nadie, con excepción de la pequeña, había creído de veras que las cosas cambiarían. Con lágrimas en los ojos se arrepintieron de su incredulidad. Y fue así que esa gente empezó a orar ese día como si ya creyeran que sus oraciones cambiarían la situación.

Casi a las cuatro de la tarde de ese día empezaron a formarse nubes sobre el oeste. Y para la noche ya llovía suavemente. En términos literales, los cielos se habían abierto para esas personas. La llovizna duró tres días y tres noches. Se salvaron las cosechas y al fin ¡tuvieron la mejor recogida en años! Todos recordaron que había sido esa pequeña con su paraguas en la reunión de oración la que había hecho que sus corazones cambiaran de actitud: habían pasado del deber religioso vinculado con la incredulidad, a la actitud de expectativa de que Dios de veras oiría y obraría.

> Orar con fe y expectativa siempre atrae la presencia y el poder de Dios. Pero la ausencia de estos elementos clave rechaza y repele la presencia y el poder de Dios.

Tenemos que creer y esperar las mejores bendiciones de Dios cuando oramos.

9

PREDICACIÓN Y ORACIÓN, EL CIELO LAS UNE

"Porque como el cuerpo sin espíritu está muerto,
así también la fe sin obras está muerta".
Santiago 2:26

En el interior de la casa de María la reunión de oración se había interrumpido y había una discusión. Unos decían que Pedro había sido liberado y otros respondían que ese hombre que estaba en la puerta era tan solo una aparición. Pero, todo ese tiempo, Pedro seguía llamando.

Después de todo el ayuno y la oración todavía había algo que esos fieles intercesores tenían que hacer antes de recibir el milagro que habían deseado con tanta sinceridad. Tenían que levantarse y abrir la puerta. Esta es una ilustración poderosa porque la verdad es que la oración, si bien es potente y necesaria, no basta.

La oración tiene que ir acompañada de la acción, como sucede con la pistola, que tiene que ir cargada con balas. Santiago hizo esa conexión cuando dijo: "*La fe sin obras está muerta*" (Santiago 2:26). Jesús les dijo a los discípulos que oraran para que fueran obreros a la mies, y luego a esos mismos hombres les dijo: "*Id por todo el mundo y predicad el evangelio*" (Marcos 16:15). ¡Los discípulos se convertían en respuesta a sus propias oraciones!

La oración tiene que ir acompañada de la acción, como sucede con la pistola, que tiene que ir cargada con balas.

El evangelista Reinhard Bonnke formuló la siguiente pregunta: Si cada cristiano se encerrara a orar en su habitación las 24 horas del día, los 7 días de la semana, los 365 días del año y no hiciera nada más que orar por la salvación de este mundo, ¿qué pasaría? La respuesta es: NADA. No pasa nada hasta que alguien despierta en una reunión de oración y actúa, y sale a las calles y los caminos para contarle a algún pecador que Jesús salva.

Si pudieras acercarte a Dios lo suficiente como para apoyar la cabeza en su pecho y escuchar sus latidos, lo que oirías sería esto: "Sal-va-ción, Sal-va-ción, Sal-va-ción". Dios ama tanto al mundo que envió a su único Hijo que pagó el más alto precio para comprar nuestra salvación. ¿Podría encontrarse una explicación más acabada del deseo más profundo de Dios? ¿Cómo puede una persona afirmar que conoce íntimamente a Dios si no siente carga por los perdidos? ¿Y cómo podría alguien decir que siente carga por los perdidos y no hacer nada por llegar a ellos? Es una deducción sencilla: los verdaderos intercesores también son ganadores de almas.

¿Cómo puede una persona afirmar que conoce íntimamente a Dios si no siente carga por los perdidos?

El péndulo, sin embargo, se mueve hacia ambos lados. El ministerio que no ha nacido de la intimidad es un engaño. Dios no busca manos rentadas. Busca hijos e hijas. Si la oración es la pata derecha, entonces la predicación del evangelio es la pata izquierda. Una cosa sin la otra no producirá más que una Iglesia coja. Como Dios nos dio ambas cosas, no hay por qué andar cojeando cuando podemos marchar para derribar las puertas del infierno, uniendo los dos ingredientes.

Resulta asombroso ver que en algunos círculos existe la rivalidad entre los llamados a orar y los llamados a predicar.

Los que sienten un llamamiento especial a orar suelen pensar que todos tienen que ser como ellos, que oran muchas horas al día y hacen ayuno constantemente. Y los que tienen el don especial de evangelizar piensan que todos tendrían que estar en las esquinas de la ciudad con megáfonos y Biblias. Los dos prejuicios son erróneos. Si bien es cierto que todo intercesor también tiene que ganar almas, y que el que gana almas también tiene que ser intercesor, Dios les da dones diferentes a distintas personas, por lo que nos necesitamos los unos a los otros. La verdad es que es absolutamente imperativo que los evangelistas y los intercesores trabajen juntos si queremos que en nuestra generación se produzca esta gran cosecha de los últimos tiempos.

Como ya mencioné, en solo diez años la asombrosa cantidad de 53 millones de personas han recibido a Jesucristo como su Salvador durante las grandes campañas de evangelización de nuestro ministerio Cristo para todas las Naciones (en inglés, Christ for all Nations). Sin embargo ¡creo que los más grandes días de cosecha todavía no han llegado! Alguien dijo una vez: "Hay que aprovechar la oportunidad de tu vida mientras la oportunidad tenga vida". Para que podamos aprovechar el momento que Dios le ha dado a nuestra generación hará falta una alianza estratégica y divina entre los que ganan almas y los intercesores, todos unidos en torno a lo que quiere Jesús: que busquemos y salvemos a los que están perdidos.

> Todo intercesor... tiene que ganar almas y... el que gana almas también tiene que ser intercesor.

Creo, con todo mi corazón, que la más grande movida de Dios en toda la historia del mundo está allí, frente a nuestra puerta, llamando. Juntos, vamos a responder, en nombre del Calvario.

FIN

Notas

1 John Wesley (1703-1791) es considerado como el hombre que Dios usó para dar nacimiento a lo que hoy se conoce como el Primer Gran Reavivamiento de Inglaterra. Era un teólogo anglicano y es el padre del metodismo. Se le conocía porque ponía énfasis en la doctrina de la perfección cristiana y la santificación completa. Wesley sostenía que, en esta vida, los cristianos podían llegar al punto en que el amor de Dios, o el amor perfecto, reinara y gobernara en sus corazones. En su ministerio viajó a caballo, recorriendo más de 400.000 kilómetros, a fin de predicar el evangelio. Predicó más de 50.000 sermones. Hacia el final de su vida se le respetaba mucho y lo llamaban "el hombre más amado de Inglaterra".

2 Adoniram Judson, hijo (1788-1850), uno de los primeros misioneros estadounidenses bautistas, fue el primer misionero a Burma, donde sirvió durante casi 40 años (en realidad, le precedieron otros misioneros pero no se quedaron allí mucho tiempo y su obra no fue tan significativa). La obra de Judson como misionero llevó a la formación de la primera asociación bautista de Estados Unidos. Inspiró a muchos estadounidenses para que se enrolaran como misioneros o al menos que brindaran su apoyo a los que salían a las misiones. Con ese apoyo pudo traducir la Biblia a la lengua de Burma y estableció varias iglesias bautistas allí.

3 David Brainerd (20 de abril de 1718 - 9 de octubre de 1747) fue un misionero estadounidense que ministró a los nativos de Estados Unidos. Su corta vida, llena de pruebas y dificultades, produjo fruto perdurable en las tribus a las que ministró. La biografía de Brainerd, titulada "Relato de la vida del fallecido Reverendo Sr. David Brainerd" fue publicada por Jonathan Edwards en 1749, y la historia de su vida y ministerio han inspirado a gran cantidad de misioneros a lo largo de generaciones. Se considera a Brainerd parte de una clase influyente de misioneros que se destacan en la historia como pioneros que abrieron caminos en el movimiento moderno de las misiones.

4 John "el que ora" Hyde (1865-1912) fue un misionero estadounidense que trabajó en India. Su padre también servía en el ministerio y oraba tanto en su iglesia como en su hogar, pidiendo que llegaran obreros a

los campos misioneros. John mismo fue parte de la respuesta a esa oración. Los de India le decían "el que nunca duerme", por sus largas sesiones de oración, las que le ganaron el mote de "Hyde el que ora". Ayudó a cientos de almas a llegar a Cristo en India y la influencia de sus oraciones y ministerio todavía se perciben en el subcontinente en nuestros días. Siendo joven todavía, antes de cumplir los 50 años, la salud de John Hyde empezó a debilitarse como resultado de su extraordinario trabajo. Los médicos le dijeron que si no hacía reposo moriría como resultado de sus esfuerzos, pero persistió, predicando y orando hasta que se vio obligado a volver a Estados Unidos, en 1911. Al pasar por Gales se hizo amigo de G. Campbell Morgan, que luego dijo que había aprendido lo que es orar de veras con Hyde "el que ora". Sus últimas palabras antes de morir fueron: "¡Proclamen la victoria de Jesucristo!".

5 Bits & Pieces, 28 de mayo de 1992, p. 15.

6 Milner-White, Eric, "A Procession of Passion Prayers" (London: Oxford University Press, 1941), p. 23.

7 Vine, W. E., "Vine's complete Expository Dictionary of Old and New Testament Words" (Nashville: Thomas Nelson Publishing, 1996), p. 406.

8 Un año luz es la distancia que recorre la luz en un año (299 792 458 m/s). Equivale aproximadamente a 9.460.730. 472.580,8 km.

9 La información científica ha sido verificada por el Dr. Richard Tresch Fienberg, funcionario de prensa y educación y coordinador de comunicación de la Sociedad Astronómica de los EE.UU.

10 Ludwig A. Kolenda (1850-1923), bisabuelo del autor. Fue un exitoso agricultor y pastor de una iglesia en su hogar, en Alemania, hasta que le invitaron a mudarse a Brasil, a los 43 años, para que fungiera de misionero en la colonia alemana de ese país. Volvió a mudar a su familia a Estados Unidos en 1902 y comenzó a plantar iglesias. Recibió el bautismo del Espíritu Santo cuando el reavivamiento pentecostal recorrió la nación americana, a comienzos del siglo veinte. A lo largo de sus misiones y su obra pastoral, mantuvo a su familia como agricultor.

11 John P. Kolenda (1899-1984), tátara tío abuelo del autor. Era hijo de un misionero y plantador de iglesias luterano alemán. Después de

que uno de sus hermanos recibiera la experiencia del bautismo del Espíritu Santo al asistir a una de las reuniones de Amy McPherson, regresando a casa para contarle a su iglesia sobre ese gran derramamiento, John también fue bautizado en el Espíritu Santo y se sintió llamado a volver a las áreas en las que su padre había establecido iglesias, en Brasil y Alemania. Además de ser pastor de iglesias en Michigan, John fundó escuelas bíblicas en Alemania y Brasil, las que siguen funcionando en nuestros días. En muchos lugares del mundo se le sigue recordando afectuosamente como "Opa".

12 John P. Kolenda, "Vater geht aufs Ganze" (Leuchter-Verlag GmbH, 6106 Erzhausen), p. 75.

13 Vine, W. E., "Vine's Complete Expository Dictionary of Old and New Testament Words" (Nashville: Thomas Nelson Publishing, 1996), p. 523.

14 Betzalel, Israel B. "Teaching Messiah from the Torah", The Jerusalem Council, 2010. www.jerusalemcouncil.org/articles/commentaries

15 La traducción del hebreo en realidad es "tropezador" o "suplantador", palabras relacionadas con quien engaña. La historia de su vida comienza en Génesis 25. Tenney, Merrill C. "The Zondervan Pictorial Bible Dictionary", (Grand Rapids: Zondervan Publishing, 1963) p. 398.

16 Shiver, John D., "Revival Glory" (Columbus: TEC Publications, 2007), p. 28.

17 McClymond, Michael, "The Encyclopedia of Religious Revivals in America-Volume 1 (Westport: Greenwood Press, 2007), p. 169.

18 De un relato inédito del "Reavivamiento de Gales", citado por Arthur Wallis en *The Day of Thy Power*, p. 112.

19 CfaN ha contado y registrado cada una de las tarjetas de decisión de las reuniones desde 1987. En la última década nada más (entre 2000 y 2009) ha habido 53 millones de registros de decisión de aceptar a Cristo, en todo el mundo.

20 Vine, W. E., "Vine's complete Expository Dictionary of Old and New Testament Words" (Nashville: Thomas Nelson Publishing, 1996), p. 267

21 DVD "Raised from the Dead", ©2013, Christ for all Nations INC, USA.

Evangelistas Daniel Kolenda y Reinhard Bonnke en Otukpo, Nigeria, en 2009.

Su médico confirmó el milagro. ¡De VIH positivo a VIH negativo!

Hermano y hermana, abrazados, tras la milagrosa sanidad de la joven.

El cáncer la había paralizado hasta que Jesús la sanó.

Una madre alaba a Dios por la milagrosa restauración de la sanidad mental de su hijo.

Jesús sanó su herida de bala.

Durante veinte años fue coja. Hoy se regocija, sana.

Los tres hijos de esta madre eran ciegos, ¡y recibieron la vista!

Un hombre ciego desde hacía más de ochenta años, ¡hoy puede ver!

Tras doce cirugías de espalda, esta señora seguía en la silla de ruedas, ¡hasta que recibió un milagro de Jesús!

Resucitado de entre los muertos. Nneka abraza a su esposo tras su milagrosa resurrección.

"La mies a la verdad es mucha, mas los obreros pocos; por tanto, rogad al Señor de la mies que envíe obreros a su mies".

Lucas 10:2.

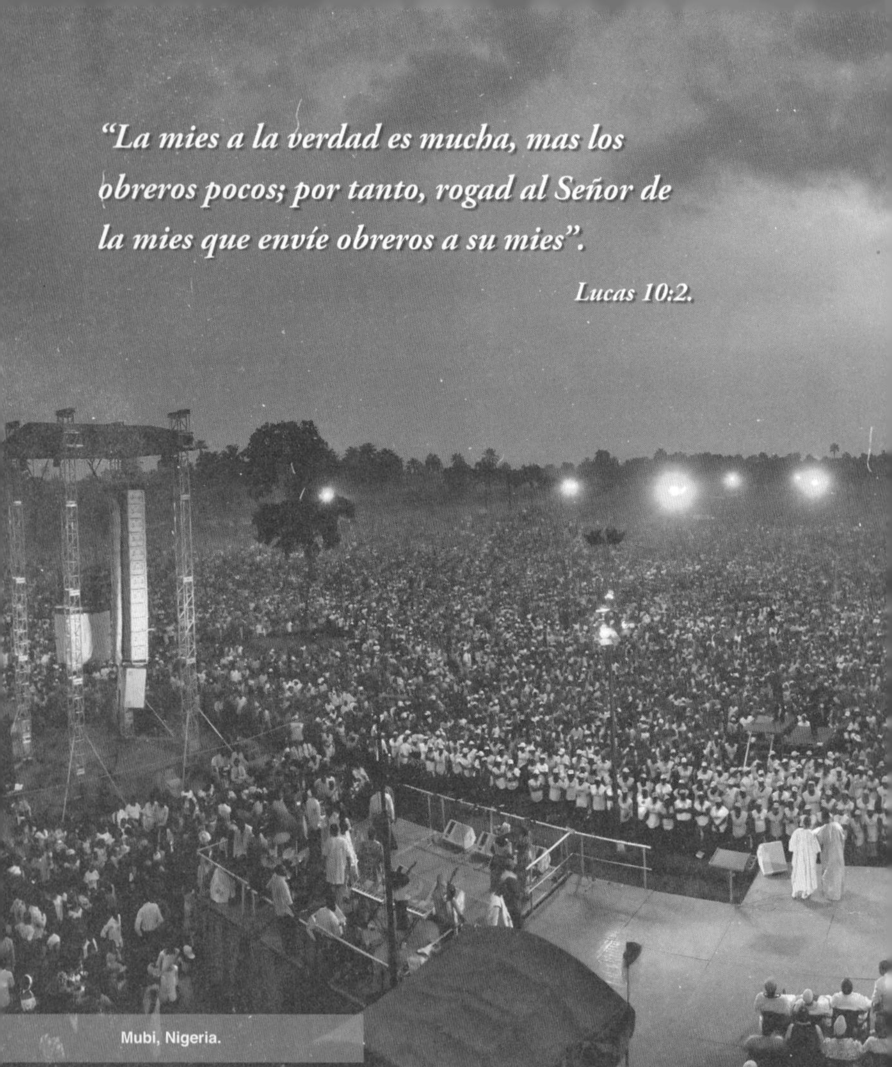

Mubi, Nigeria.

Nuestros registros cuentan más de 53 millones de personas que han aceptado a Cristo entre 2000 y 2009.

Kochin, India
Kiev, Ukraine
Jimma, Ethiopia
Ile Ife, Nigeria
Afikpo, Nigeria
Ikot Ekpene, Nigeria
Goiania, Brazil
Kabba, Nigeria
Kafanchan, Nigeria
Sydney, Australia
Ijebu Ode, Nigeria
Jalingo, Nigeria
Jos, Nigeria
Khartoum, Sudan
Benin, Nigeria
Isokoland, Nigeria
Hong Kong
Abakaliki, Nigeria
Bali, Nigeria
Agbor, Nigeria
Awka, Nigeria
Ado Ekiti, Nigeria
Aba, Nigeria
Kaduna, Nigeria
Abuja, Nigeria
Calabar, Nigeria

CHRIST FOR ALL NATIONS

Cristo para todas las naciones

Para contactarse con Cristo para todas las Naciones, el ministerio de Evangelistas Reinhard Bonnke y Daniel Kolenda, visite nuestro sitio Internet: www.cfan.org, o utilice la siguiente información:

OFICINAS CENTRALES

Estados Unidos
Post Office Box 590588
Orlando, FL 32859-0588
Toll-free: 1 888 800 2767
Phone: 407 854 4400
E-Mail: USA@CfaN.org

Europa Continental
Melsunger Str. 1
60389 Frankfurt am Main
Germany
Phone: +49 69 478 78 0
E-Mail: cfan@bonnke.net

Reino Unido
Highway House,
250 Coombs Rd.
Halesowen, West Midlands
B62 8AA
Phone: +44 121 602 2000
E-Mail: info@CfaN.org.uk

Canadá
Post Office Box 24090
London, Ontario N6H 5C4
Toll-free: 1800 4593709
Phone: 519 4325723
E-Mail: Canada@CfaN.org

Australia/Pacífico
Locked Bag 50
Burleigh Town QLD 4220
Phone: +61 755 082 914
E-Mail: Australia@CfaN.org

Sudeste asiático
Singapore Post Centre
Post Office
Post Office Box 418
Singapore 914014
Phone: +65 6345 9880
E-Mail: Singapore@CfaN.org

África del sur
Post Office Box 50015
West Beach 7449
Phone: +27 21 554 1892/8
E-Mail:
SouthAfrica@CfaN.org

Hong Kong
PO Box 97505
Tsim Sha Tsui Post Office
Phone: +852 3904 3000
E-Mail:
HongKong@CfaN.org

África occidental
PO Box 10899 Ikeja
Lagos, Nigeria, West Africa
Phone: +234 1 497 1575
E-Mail: cfan@alpha.
linkserve.com

Brasil
Avenida Sete de Septembro
Salas 1606-1609
Curitiba - PR CEP 80240-000
Phone: +55 41 3243 7600
E-Mail:
LatinAmerica@CfaN.org

Este producto y otros títulos publicados por CfaN están disponibles en otros idiomas .

Para obtener más información sobre los distintos idiomas o para obtener información editorial internacional, póngase en contacto con nosotros en publications@cfan.org